JN059006

完全保存版

大滝詠一に恋をして。

ペン編集部【編】

CCCメディアハウス

世界をも魅了する「シティポップ」の源流、大滝詠一とはっぴいえんどに迫る。

カラフルな色彩感覚で、洗練された都市情景を描きながら、
センチメンタルな愁いを含んだ日本独自の〝シティポップ〟。
近年、国内のみならず海外でも支持されているが、
源流をたどれば、ひとつの金字塔に必ずスポットが当たる。
それは大滝詠一である。
時代を超えて愛されるこのアーティストと作品は、どのように誕生したのか？
大滝と同時代を疾走した盟友、関係者の証言をもとに、
この希代のシンガーのこだわりと素顔を追う。
またその魂を継承し、音楽シーンを盛り上げる才能にも注目。
語り継ぐべき私たちの文化遺産を、いまこそ聴き尽くそう。

1981年3月21日、名作『ロング・バケイション』が発売に。色褪せないサウンド、アートワーク、詞の世界観は世代を超えて愛される。

大滝詠一に恋をして。

目次

大滝詠一のサウンドの原点。

プロデューサー大滝詠一の魅力。

※本書は「Pen」2021年4月1日号の特集「大滝詠一に恋をして。」を元に再編集したものです。
※本書に掲載した商品の料金は予告なく変わることがあります。
※2023年3月1日現在の情報です。

大滝詠一と2つの新譜。

才気迸る（ほどばし）、新作ノベルティ作品集とレア音源。

大滝詠一に対して、メロディー・タイプとノベルティ・タイプの両方をつくりわけていた人という印象をもつ方も少なくないと思う。中には、大滝はメロディー・タイプの曲だけつくっていればよかったのに、という感想を抱く方もいる。逆に大滝の才能はノベルティ・ソングで最大限に発揮されているという方もいる。結論としては、どちらの作品においても異彩を放った人物であった。だからこそ、そのような感想や見解が生じる。それは間違いない。

１９７０年代は暗中模索期、80年代が充実期、というように大滝の活動を区分する人もいる。それには異論がある。大滝は生涯を通じて研究と実験を続けた人だったからだ。70年代と80年代とでは、大滝の活動の態勢、状況が異なっていた。そのために作品の様相は違っている。しかし音楽に対するまなざしは変わらなかったと思う。70年代の『ナイアガラ・ムーン』や『ナイアガラ・カレンダー'78』は、ノベルティ・タイプの作品を中心とした傑作である。これらのようなアルバムを80年代につくらなかったのは、その二つがすでに完成されたものだったからだ。そこで得られた創作上の確信は80年代以降の作品群にも多々活かされている。

本邦初公開の新曲や提供曲のセルフカヴァーなど、未発表音源を多数収録する新作ノベルティ作品集『大滝詠一 NOVELTY SONG BOOK / NIAGARA ONDO BOOK』を聴けば、ノベルティ曲の深さや魅力がわかるだろう。

大滝は他のアーティストに提供する作品で

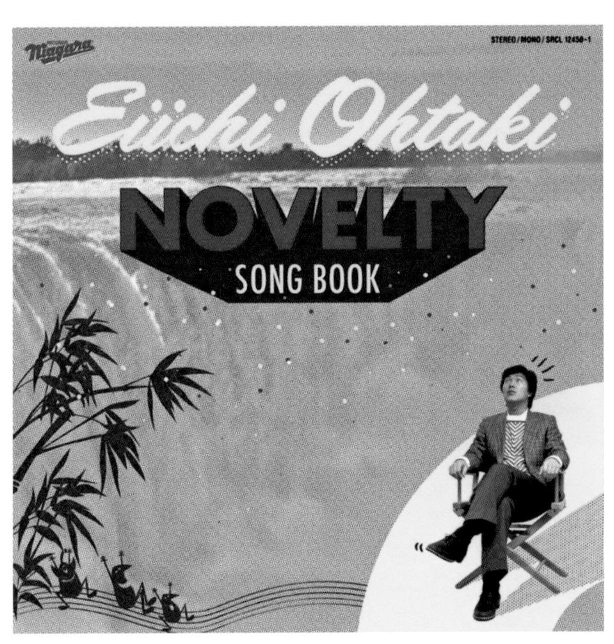

『大滝詠一 NOVELTY SONG BOOK / NIAGARA ONDO BOOK』

ナイアガラ・レーベル／ソニー・ミュージックレーベルズ
¥3,960　2023年3月21日リリース

も、自分の中の引き出しのいちばん良好なところ、そのときどきのベストなネタで曲づくりをしていた。常に相手の座付作者的な姿勢で制作している。その上で、それまでに試していなかったことをそこでやってみたりする。相手をポジティヴに解析したうえで実験を加えている。そのこともこの新作コンピレーションでよくわかる。ノベルティ・ソングではユーモアのセンスが問われる。笑いは脳をリフレッシュする。ユーモアを伝えるためには自分自身が快活で、好反応状態にいる必要がある。その点で、大滝の好奇心は衰えることがなく、精神は常にタフだった。と同時に敏感だった。

81年のインタビューで大滝は「メロディアスな曲とコミカルな曲を、対立させて捉えていました。それをやめたってことなんですよ。コミカルなアイデアがメロディアスな曲の中に存在しても、別に変わりはないんです」（『ポプシクル』81年2月号）と述べている。こうした考えで『ロング・バケイション』が生ま

福生45スタジオ隣のミーティング棟にて。壁のドーナツ盤とお気に入り盤収納のジュークボックスが光る。貼ってあるポスターはLP『Buddy Holly Box』の付録だったもの。

れた、というわけだ。
　大滝ほど〝新しい音頭〟を探求した人物は他にいない。その探求が、80年代に確立できたサウンド・スタイルと合流したのは当然の結果だろう。今回、Disc-2に収録された「うさぎ温泉バラード」や「新二十一世紀音頭」、細川たかしが歌った「Let's ONDO Again」などは柔和な詩情を感じさせる。「イエロー・サブマリン音頭」に至っては歴史の重みと厚い知性を伝えつつ、軽妙さと緻密さがサウンドの中に同居している。対立するもの同士を調停するのがユーモアの役割である。風流な空気と鋭い風刺、伝統の継承と破壊、ポップス及び邦楽と洋楽に対する否定と肯定、シリアスな視点と諧謔のまなざし、柔軟さと執念深さ、それらが共生している作品がこの新作には揃っている。大滝の生前最後の歌唱作品である「ゆうがたフレンド」の滋養はただごとではない。
　この新作が広く聴かれますように。

Disc-1

大滝が歌唱した、ファン垂涎の新曲やセルフカバーなど未発表音源11曲を収録。提供曲も本人が歌うと違った景色が出現。名人芸の世界が広がる。

ドとのメリハリにトキメク。

ポップスター

大滝詠一

97年のTVドラマ『ラブ ジェネレーション』に“ポスター出演”していた女優・市川実和子への提供曲。『ポンキッキーズ』で使用された。ポップスターを夢見る女の子の気持ちを60sガール・ポップ風に描きつつ、かまやつひろしに提供した「お先にどうぞ」につらなる曲想。カントリー・タッチのエレキ・ギターがいい。

うなずきマーチ

大滝詠一トリオ

大ヒットTVバラエティ『オレたちひょうきん族』で結成された3人組のネタを存分に織り込んだナンセンス・ソング。ここでは3人分の歌を大滝が一人多重録音でこなす。リヴィングトンズ「パパ・ウー・マウ・マウ」を下敷きにケテルビー作曲の「ペルシャの市場にて」を思わせもするエキゾチックな下味が効いている。「今日も元気だ首すじ軽い」の歌詞が「ナイアガラ音頭」流儀をしっかり踏まえている。

いちご畑でつかまえて

大滝詠一

81年10月発表の松田聖子のアルバム『風立ち

ROCK’N’ ROLL ナイアガラ音頭

大滝詠一

1978年夏の『ナイアガラ・コンサート’78』のオープニング曲。布谷文夫のシングル曲「ナイアガラ音頭」をロックンロールに仕立て直した。演奏メンバーのほとんどがその後の『レッツ・オンド・アゲン』に参加している。70年代ナイアガラの総まとめ的ステージに景気をつけようという乗りのよさ。音頭かどうかはよくわからなくなっているが、ストレートなメッセージの歌詞は確かにロックンロール。

ゆうがたフレンド (USEFUL SONG)

大滝詠一と鈴木慶一(冗談ぢゃねーやーず)

とんねるず用に親しみを込めてつくり込んだ未発表作品がめでたく発掘。TV番組『とんねるずのみなさんのおかげでした』のテーマ曲での使用も視野ににぎやかなビッグ・バンド・サウンドで親しみやすいメロディーを展開。歌詞が念入りなので曲の構成が映画的。デュエットを想定した曲であることから縁ある鈴木慶一を起用し“冗談ぢゃねーやーず”が約50年ぶりに復活。作詞は糸井重里。この詞に白井良明が曲をつけ鈴木が歌ったムーンライダーズ・ヴァージョンも良作。ダニエル・ビダルの歌で知られる「オー・シャンゼリゼ」を思わせたり突如ラテンになったり、1曲の中に5曲分以上のエッセンスが混入している大滝流。鈴木と大滝のソフトな歌声とバックのサウン

やタンゴ、哀愁ポップスへと展開していく。

ホルモン小唄 〜元気でチャチャチャ

大滝詠一

76年に計画された細野晴臣プロデュースによる小林旭のフル・アルバムへの提供曲。だが、計画そのものが途中で中止になってしまった幻の作品。小林旭に歌われることはなかった(ようだ)。星野哲郎の作詞で精力増強がテーマになっている。哀愁も漂う中高年向けの歌謡曲。行進曲だが疲労感が先に立っている。植木等の「これが男の生きる道」や美空ひばりの「ロカビリー剣法」の要素も入っている。演奏はティン・パン・アレーの面々。

あの娘に御用心

大滝詠一

75年12月発売の『いくつかの場面』収録の沢田研二への提供曲の大滝版。演奏はこれもティン・パン・アレーの4人とサックスの稲垣次郎。「シャックリ・ママさん」のラインにあるバディ・ホリー風ロックンロールのファンク化。そこにドリフターズの「スウィーツ・フォー・マイ・スウィート」のコーラス・リフを加味。コーラスは大滝と山下達郎。終盤二人で“ごようじん”を“ようじんご”と繰り返し、最後には山下が爆笑している。

針切じいさんの ロケンロール

大滝詠一

人気アニメ『ちびまる子ちゃん』第2期エンディングテーマ曲。95年2月発売。約1年半使われた。シェブ・ウーリーの大ヒット曲「ロックを踊る宇宙人」の日本語カヴァー。歌詞はさくらももこ。大滝の老成歌唱はベテランの御隠居ならではの安定感。力の抜き方が見事。

ぬ』収録曲。浮遊感のあるメロディーがとりとめのない夢の中をさまよっているような気分へと誘う。アコースティック・ギターがルーフトップ・シンガーズの「ウォーク・ライト・イン」を連想させ、オールドファンをニンマリさせるのを忘れない。

暑さのせい

大滝詠一

『大瀧詠一』収録の「あつさのせい」をカリプソ風にアレンジしたライヴ用のヴァージョンをCM用にリアレンジしたもの。75年の作品。ほのかにヴァン・ダイク・パークスの『ディスカヴァー・アメリカ』の風味がある。「サイダー'74」や「ナイアガラ・ムーンがまた輝けば」にもつながっていくトロピカルな作品。

ピンク・レディー

大滝詠一とモンスター

78年11月発売の『レッツ・オンド・アゲン』収録曲で、ナイアガラ史では「河原の石川五右衛門」が当時未発表になったことへの弔い合戦的ピンク・レディー讃歌。シャネルズの面々と大滝の共演ヴァージョン。演奏人は実際にピンク・レディーのレコーディングを担当していた面々を起用。有名フレーズを編み込んでキャッチーに仕上げている。

消防署の火事

大滝詠一

78年9月発売の新井満『マンダーランド』への提供曲の大滝版。『レッツ・オンド・アゲン』を構想中のころの録音。新井から提出された歌詞をコテコテに仕上げてやろうという大滝の意欲が感じられる。バディ・ホリーの「イッツ・ソー・イージー」を基点にカントリー

Disc-2

幅広過ぎる音楽性が示された、レア音源揃いの提供曲集。音頭をプログレッシヴに探求し作品化した音楽家は1970年代以降唯一。笑いがスリルと安寧を誘う。

ゆうがたフレンド (USEFUL SONG) とんねるず

人気コンビの歌活動再開用に提供したが未発表に。濃い友情はざっくばらんな交流により生まれるとの思いが滲み出た名作。本邦初出。

ナイアガラ音頭 (1995 Re-mix) 布谷文夫

数あるこの曲のミックスの中でも厚みを感じさせるもの。「今日も元気だ御飯が美味い」が「今日も元気だたばこがうまい」のもじりだと知る人ももはや少数派か。新民謡の未来派。

風が吹いたら恋もうけ

あんあんストリート

小高桂子

美空ひばり的パワーとしなやかさをもった演歌歌手用に書き下ろした2曲。本人の引退によって未発表に。軽妙なメロディーと矢野誠による和モダンな編曲が見事に融合。詞は「サイダー」の伊藤アキラ。辛口の娯楽作。

消防署の火事 新井満

大ヒット曲「千の風になって」の作者によるドタバタ人情喜劇的前衛カントリー・ソング。

ビックリハウス音頭 (take 4) デーボ

パロディ投稿雑誌が主催した公募詞をカットアップ手法でパノラミックに楽曲化した未曽有の傑作。各種小ネタ満載。編集作業ではなく通し演奏で骨子をつくり上げた大滝の執念は尋常ではない。シングルとは別ミックス。

ある乙女の祈り (take 4) 高橋章子

❻の雑誌編集長の怪唱。鼻息が凄いラブソング。字切りの妙により意味を超越したアバンギャルド・フラメンコ歌謡。いびつ美の快作。

Let's ONDO Again (Let's宵・宵・宵ヴァージョン)

ラジオ番組のテーマ曲として使用。名曲の替え歌ヴァージョン。骨はそのままにリミックス&エディット。残念ながら歌手名は不明。

うなずきマーチ (テヌグイ・ヴァージョン) うなずきトリオ

漫才ブームが生んだヒット曲。ツッコミ3人の和みパンク。そのヴォーカルを抜き出したヴァージョン。カラオケ(空桶)の逆で「テヌグイ」。

風が吹いたら恋もうけ
(ハチャメチャ・ヴァージョン)

中原理恵

❸のカヴァー。シングルとは別のセリフ部分他を激しくデフォルメしたコメディエンヌ中原一人舞台。疾走感、ビート感が素晴らしい。

うさぎ温泉バラード

角川博

水谷豊主演のTVドラマ『あんちゃん』の挿入歌の音頭をバラード化したもの。入浴後に散歩するカップルから立ち上る湯気を思わせるしっとりとした抒情音頭。作詞・松本隆。

イエロー・サブマリン音頭
(特別変)

金沢明子

ビートルズ・マニアに世界的に愛されているカヴァーの大傑作。これは仕込まれたネタがよりわかりやすくなっているミックス。

スリラー音頭~ビートイット音頭
(ステレオ・ヴァージョン) **片岡鶴太郎**

ニッポン放送の特番『マイケルジャクソン出世太閤記』の挿入歌。得意ネタが満載。

実年行進曲
(ぶちゃむくれバンザイ三唱ヴァージョン)

クレイジーキャッツ

結成30周年記念曲。クレイジーサウンドの万華鏡。名匠・故萩原哲晶への特大リスペクトを込めた大滝の編曲が輝く。作詞・青島幸男。

新五万節
(take 3)

クレイジーキャッツ、ハナ肇

2ndシングル「五万節」の現代版。経年の悲喜交々。作詞の青島本人が登場するヴァージョン。クレイジーの面々入り乱れる快感の名作。

さいざんす・マンボ
(ザンスミックス・ヴァージョン)

トニー谷

大滝監修のコンピレーション発売記念シングルから。人気芸人のあれこれがアダプトされたヒップホップな一作。映画のような空気感。

針切りじいさんのロケン・ロール
(いや、どうもヴァージョン) **植木等**

毎週テレビで観た(聴いた)人多数の植木節ロック。「いや、どうも」で終わる。オリジナル以上に和める、ありがたいヴァージョン。

新二十一世紀音頭

植木等、三波春夫

三波と植木の大御所二人が近未来を大胆かつ陽気に辛口に笑い飛ばすダンス音頭。昭和と平成を串刺しした、「二十一世紀音頭」の改訂版。

Let's ONDO Again
(河田為雄ミックス)

細川たかし

92年夏のCM用に制作された名曲のサウンド拡張版的リメイク。その蔵出しミックス。朗々たる歌声が音頭の和を幾重にも熱くする。

1stソロが、50周年記念盤として新たに登場。

大滝詠一がまだ、はっぴいえんど在籍中の1972年11月25日に発表したファースト・ソロ・アルバム『大瀧詠一』は、大滝が愛してやまない60〜70年代のアメリカン・ポップスやソウル、ファンクの要素と、はっぴいえんどで培ったロックのエッセンスが混在し、のちにナイアガラで結実させる音楽ボキャブラリーが炸裂する大滝ワールドの原点とも言える作品だ。大滝は当初、シングル盤を6枚出し、それを集めて『オムニバス』のタイトルでこのアルバムを発表するアイデアをもっていたが、諸事情から断念。ちなみにそのシングル先行型のアイデアは、のちにキャロルがデビューする際に実現させることとなる。

これまでも様々な形態で発売されてきた『大瀧詠一』だが、発表からちょうど50年にあたる2022年11月25日にリリースされた50周年記念盤は、その豪華さと内容で他を圧する充実ぶりを見せつける初のCD2枚組。

当初のアイデアが反映されたタイトル『大瀧詠一 乗合馬車（Omnibus）50th Anniversary Edition』が物語るように、大滝本人が望んでいた形に一歩も二歩も近づいた作品となった。

大滝自身が10年前に構想した曲順に13曲を並べ直したファースト・ソロ作完結盤と、初公開の未発表音源を複数収めた14曲のレア音源集からなるCD2枚組は、その内容だけでもファン必聴なのだが、なにより特筆すべきは、オリジナル・マスターテープより最新マスタリングし、大滝が望んでいたサウンドを高音質で実現した点。豪華ブックレットも読み応えある記念盤に、感涙は必至だ。

『大瀧詠一 乗合馬車（Omnibus）
50th Anniversary Edition』

ナイアガラ・レーベル／ソニー・ミュージックレーベルズ
¥4,290
2022年11月25日リリース

今回、『乗合馬車』で限定使用される大滝のポートレート写真。『大瀧詠一』のジャケット裏で使用されたポートレートは、写真家・野上眞宏が埼玉県狭山市のデザイナー集団WORKSHOP MU!!の工房で撮影したものだったが、この写真も同じ日に野上が都内で撮影したもの。大滝の「自然と文明が合体した場所」とのリクエストから、背景に自動車専用道路を写し込もうとするもアングル的に困難で、結局、自然の中に大滝が佇むこの写真が生まれたという。

50周年記念盤らしく、封入されるブックレットは60ページを超えるボリューム。扉ページをめくると、大滝直筆のアルバム・タイトルが目に飛び込んでくる。大滝本人が書き下ろした2万字超えのライナーノーツや生前の貴重なインタビューも掲載。収録楽曲の歌詞や録音データに加えて、当時インタビュアーだった音楽評論家・湯浅学氏による書き下ろし原稿『インタビュー追記』も追加されるなど、資料的価値も高いブックレットとなっている。

SRCL 12345
1 おもい
2 それはぼくぢゃないよ
3 恋の汽車ポッポ第二部
4 指切り
5 びんぼう
6 五月雨
Disc-1
ウララカ 7
あつさのせい 8
朝寝坊 9
水彩画の町 10
乱れ髪 11
空飛ぶくじら 12
いかすぜ！この恋 13
大瀧詠一
乗合馬車 (Omnibus)
50th Anniversary Edition
PRODUCER EIICHI OHTAKI
STEREO
JASRAC
COMPACT DISC DIGITAL AUDIO
℗2022 ©1972
KING RECORDS

Disc-1はオリジナル盤『大瀧詠一』の曲順を基準にしているが、シングルのみでリリースされていた72年6月25日発表のセカンド・シングル「空飛ぶくじら」が12曲目に挿入され、従来11曲目に収録されていた「恋の汽車ポッポ第二部」が3曲目に移動されている。さらに、最後の「いかすぜ！この恋」をオリジナル盤とは別のオリジナル・ミックスに差し替えて収録。全13曲の曲順は、2012年の40周年の際に大滝自身が構想した曲順を再現している。

All Rights Of The Manufacturer And Of The Owner Of The Recorded Work Reserved. Unauthorized Public Performance, Broadcasting, Renting And Copying Of This Disc Prohibited. Sony Music Labels Inc. Made In Japan.
SRCL 12346
1) 恋の汽車ポッポ (シングル・バージョン)
2) それはぼくじゃないよ (シングル・バージョン)
3) 五月雨 (シングル・バージョン)
4) びんぼう (ヒマダラケ・バージョン)
5) ウララカ (イントロ・ドラム・バージョン)
6) あつさのせい (フルサイズ・バージョン)
7) 空飛ぶくじら (ピアノ・イントロ・バージョン)
Disc-2
乱れ髪 (アウトロ・ストリングス・バージョン) (8
びんぼう (ハニホレ・バージョン) (9
あつさのせい (インスト・バージョン) (10
あつさのせい (リハーサル・バージョン) (11
それはぼくぢゃないよ (アルバムMIX-2) (12
おもい (UNDUBBED VERSION TAKE 1-4) (13
いかすぜ!この恋 (カセット・バージョン) (14
大瀧詠一
乗合馬車 (Omnibus)
50th Anniversary Edition
PRODUCER EIICHI OHTAKI
STEREO
JASRAC
COMPACT disc DIGITAL AUDIO
℗2022 ©1971/1972
KING RECORDS
RECORDS Niagara

アルバム曲のシングル・バージョンや別ミックスを収録するDisc-2。オリジナルよりも30秒長い「あつさのせい（フルサイズ・バージョン）」他、「乱れ髪（アウトロ・ストリングス・バージョン）」、「びんぼう（ハニホレ・バージョン）」、「あつさのせい（インスト・バージョン）」、「あつさのせい（リハーサル・バージョン）」、「おもい（UNDUBBED VERSION TAKE 1-4）」など、本盤が初公開となるお宝級未発表音源も多数聴ける。単なるレア音源集を超えた貴重盤だ。

ナイアガラ作品の未配信曲が、待望の サブスク解禁 へ。

新作『大滝詠一 NOVELTY SONG BOOK / NIAGARA ONDO BOOK』がリリースされる2023年3月21日に、大滝詠一関連作品のサブスク未配信曲が同時解禁されるという嬉しいニュースが発表された。対象タイトルは、第1期ナイアガラ・レーベル最後作として1978年に発表され、ノベルティ・タイプの究極作として人気の高い『LET'S ONDO AGAIN』や、スティール・ギターの名手・駒沢裕城をフィーチャーした哀愁のギター・インスト集『多羅尾伴内楽團Vol.1』などのカルト名盤から、2021年3月21日 にリリースされた『ロング・バケイション』の40周年記念VOX『A LONG VACATION VOX』のDisc-3として、本邦初出のアルバムレコーディング時の未発表音源を収めた『A LONG VACATION SESSIONS』などの貴重なレア音源集までの全9タイトル。マニア心をくすぐるサブスク解禁を心ゆくまで堪能したい。

1 Niagara Fallin' Stars『LET'S ONDO AGAIN』

2 多羅尾伴内楽團『多羅尾伴内楽團Vol.1』

3 多羅尾伴内楽團『多羅尾伴内楽團Vol.2』

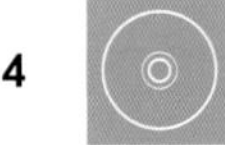

4 『ナイアガラ・ムーン-40th Anniversary Edition-』

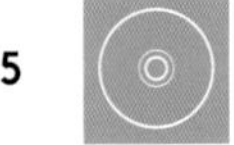

5 シリア・ポール『夢で逢えたらVOX』

※VOX収録のCD-1 夢で逢えたら（1997 Original Album+Single）、CD-2 夢で逢えたら（ONKIO HAUS MIX）、CD-3 夢で逢えたら（1986 Tamotsu Yoshida Re-MIX）、CD-4 夢で逢えたら（Rarities）を配信。

6 『A LONG VACATION SESSIONS』

※完全生産限定盤VOXとして2021年3月21日に発売された『A LONG VACATION VOX』のDisc 3を配信。

7 『EACH SIDE of NIAGARA TRIANGLE Vol.2』

※完全生産限定盤VOXとして2022年3月21日に発売された『NIAGARA TRIANGLE Vol.2 VOX』のDisc-2を配信。

8 『NIAGARA FALL STARS '81 Remix Special』

※完全生産限定盤VOXとして2015年3月21日に発売された『NIAGARA CD BOOK II』のDisc 11を配信。

9 『Niagara Rarities Special』

※完全生産限定盤VOXとして2015年3月21日に発売された『NIAGARA CD BOOK II』のDisc 12を配信。

大滝詠一の生涯を振り返る。

松本隆 インタビュー

『ロンバケ』はなにかのド中心を突いた、そんな作品だと思う。

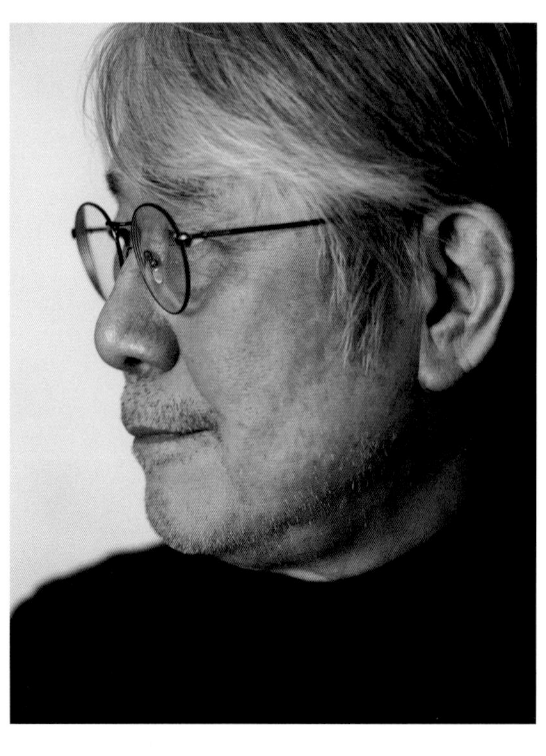

アルバム『ロング・バケイション』（以下、ロンバケ）を映画にたとえるなら、大滝詠一はいわば、監督であり、主演である。そして脚本にあたる役割を松本隆が果たした。

1973年9月21日の、はっぴいえんどのライブを最後に、ふたりが会ったのはただ一度きり。大滝のラジオ番組『ゴー！ゴー！ナイアガラ』に松本がゲスト出演した時だった。そんなふたりが、作詞家と作曲家として再び顔を合わせる日が訪れた。

「最初、大滝詠一は自分で運転して、僕が当時住んでいた、たまプラーザまで来てるの。でも、彼の記憶から抜けてる（笑）。松本の家には行ったことがない、って。大滝さんから『話がある』って電話がかかってきたけど、道がわからないと言うから、いちばん近い東名高速の川崎インターの出口まで僕がクルマで迎えに行った。はっぴいえんど時代、大滝さんは運転免許証を持ってなくて、いつも助手席か後ろの席。僕か細野（晴臣）さんが運転してた。だから大滝詠一が自分で運転して、はるばるドライブして来るってことが、目から鱗だった。夜だったね、大滝さんが僕の家に来たのは」

はっぴいえんど解散後、大滝は斬新なCMソングを増産しながら、アーティストとしても自身のレーベル、ナイアガラから『ナイアガラ・ムーン』、『ナイアガラ・カレンダー'78』など名盤を多く発表。残念ながら大きなセールスに結びつくことがなかったが、いまもなおカルト的な支持を得ている。一方で、職業作詞家としてヒット作を連発する松本に向かって大滝は、ストレートに「売れたい」というメッセージを松本の自宅で伝えた。松本は当時、気に入っていたJ・D・サウザーの「ユア・オンリー・ロンリー」をステレオで大滝に聴かせ、「こういうAORっぽい、お洒落な音楽つくったら」と、プレゼンしたと話す。

「2回目に大滝さんと会った時、彼が画集（CBS・ソニー出版から79年刊のイラストブック『ロンバケ』）を持ってきて、永井博さんのイラストを見せつつ、『こんなテイストにしたい』と提案されて。僕の中ではこういう南国シリーズは、鈴木茂の『ラハイナ・ガール』（78年の『テレスコープ』収録）が最初。もとは細野さんの『トロピカル・ダンディー』から来てるのかも。茂の『ラハイナ』は、ほぼ『ロンバケ』に近い。成功するカギは持ってたのかもしれない」

しかし、いざ『ロンバケ』の作詞に取りかかろうとするタイミングで、松本は最愛の妹を亡くした。生まれた時から心臓が悪く、3カ月しか生きられないと医者に言われていた

少年と青年の間みたいな、18歳くらいをイメージして書いた。

彼女を通して、松本は「死」というものを毎日、意識せざるを得なかった。兄として彼女を守ることと、両親の愛情がすべて妹に注がれること、そんな微妙な環境で育った松本。自身の精神の熟成が「普通の人とだいぶ違ってきた」と話す。

「もう大滝詠一とか、『ロンバケ』どころじゃなくて。すべての仕事を断った。すごく長い期間、そうなっていた記憶があるんだけど、あとで数えたら3カ月くらいだった。これは困ったな、と。大滝さんにも『書けない』と電話したんだよね。そしたら『このプロジェクトは松本隆の詞ありきだから、書けるようになるまで、いつまでも延ばすから』と言われた。そういう意志は固いんだよ、あの人は」

リリース予定日の重要性を説明するまでもない。まして、大滝にとって移籍したばかりの新しいレーベル。当然、セールスの実績もない。「歌詞を待つ」という大滝の強い言葉に押されて、松本はペンを走らせた。最初に書いたのは「カナリア諸島にて」、次が「君は天然色」。この2曲でアルバムのゴールまで〝見えた〟という。

『ロンバケ』の表面的なムードは、リゾート地のラヴストーリーに近い。実際に「カナリア諸島にて」の風景はそうしたイメージをもちつつも、その中にいる男は生きることの意味を見失ってしまったような、諦観に満ちている。作者の意識の投影が、眩いばかりの景色の中に小さな影を落とす。それは「君は天

interview with

Takashi Matsumoto

「君は天然色」より

渚を滑るディンギーで
手を振る君の小指から
流れ出す虹の幻で　空を染めてくれ

想い出はモノクローム　色を点けてくれ
もう一度そばに来て　はなやいで
美しの Color Girl

――『ロング・バケイション』収録

然色」の後半、〝小指から流れ出す虹の幻〟の奇跡的なフレーズにも感じられる。聴くたびに想像力がハレーションを起こす。それは〝風をあつめて 青空を駆けたいんです〟であり、〝魂に銀河　雪崩てく〟と同じく、松本がこれまでに幾度となく起こしてきた歌詞の中の奇跡である。

『ロンバケ』の製作時期は、ちょうど大滝詠一が30歳になった頃。松本は〝歌手〟の年齢を意識したのだろうか。

「少年と青年の間みたいな、18歳くらいをイメージして書いた。30過ぎのおじさんが歌うには恥ずかしいかもしれない詞を書くよ、って大滝さんに話した。ほぼ同時期に南佳孝にも書いていたけど、あのハードボイルド路線は大滝さんには合わない。もっと甘いんだよね。作詞の背景には、先の（永井博の）イラストのイメージがずっとあった。あれがなかったら、もっと難航したかもしれない。（『ロンバケ』のジャケットを指差して）この「白い

シティポップって言われると違和感がある。昔から都会的な音楽をやっているから。

パラソル」は松田聖子に行っちゃう（笑）。僕の詞はすべて有機的に連鎖していくの」

松本隆は、歌手としての大滝詠一の魅力をどう捉えているのか。

「まず声がいいよね。でもギターは得意じゃなかったけど（笑）。僕は編み物するみたいに言葉で光と影を操る。それに歌で反応するんだよね。（作家としての共作に関して）大滝さんはシンプルなの。他人に書く時は詞が先で、自分が歌う時には曲が先。はっぴいえんどはすべて詞が先だった。そういう意味では、（自分が歌っているにもかかわらず）大滝さんにとって、はっぴいえんどは他人だったんだよ。僕にとっては「詞先、メロ先」はどちらも関係ない。同じようにできちゃうから。『ロンバケ』は、音も好きだったし、まったく無理なく書けた」

ここ数年、国内外の熱心なリスナーを中心に日本の70年代～80年代を中心としたアーバンなポップスを評価するシティポップ・ブームが巻き起こっている。その背景をたどると、最重要作として挙げられるのが、大滝詠一と松本隆が生み落とした『ロング・バケイション』だ。日本の音楽シーンから生まれた独自の文化遺産はインターネットを通じて日々、拡散されている。それは水滴が湖面に落ちて円状に波打ち、じわじわと広がるように、いまや世界規模で拡大。その流れが、再び日本の若いリスナーにもフィードバックされている。そうした状況を、松本はどう捉えているのだろうか。

「昔、ニュー・ミュージックって言葉が出てきた時に、なんか違和感があったように、いまもシティポップと言われるとヘンな感じもするけどね。都会的な音楽といえば、はっぴいえんど時代からやってるし。「しんしんしん」とか「風をあつめて」とか。その頃のことはさ、『宝島』って雑誌が『ワンダーランド』っていう名前だった頃に文章にしてる。はっぴいえんどにしても、日本語のロックやりますって、宣言してからつくってるってところが他の音楽と違うよね」

雑誌『ワンダーランド』（通巻2号＝73年9月号）の「なぜ『風街』なのか」と題された文章には、「都市音楽を楽しむためにはナイフの切っ先のように鋭い眼差しが必要だ」という一節がある。シティポップに対する松本の考えは、既にはっきりと示されているのだ。

発売から40年あまり。作品の中にある言葉を手がけた松本隆はいま、どんな感慨をもって『ロング・バケイション』という偉大な作品を振り返るのだろうか。

「『ロンバケ』は、なにかの中心を〝突いた〟んだろうね。僕も、大滝さんも意図せず、普遍的ななにかを。どストライクでピンポイントの。僕は普遍的なものをいつも追求しているんだけど、ここまで計算はできない。文化とか経済とかがピークを、峠を越したんだと思うんだよね。みんな、もう、それほど新しいものを欲しがってないんじゃないかな。実際、新しい技術も出てこないし。科学とか技術とかの限界があって、そういうものを通り越して、こういう『ロンバケ』への憧れが残っているんじゃないかな。長い休暇。必死に働いてもしょうがないという。いまのコロナってのもさ、神さまが人類にそんなに働かなくっていいよ、って言ってるのかもしれない」

松本 隆

Takashi Matsumoto

作詞家

●1949年、東京都港区青山生まれ。69年、大滝詠一、細野晴臣、鈴木茂とともに日本語で歌うロックバンド、はっぴいえんどを結成。解散後は職業作詞家として、時代と世代を超えて愛され続ける数多くのヒット曲を手がける。現在は神戸市在住。

interview with

Takashi Matsumoto

松本隆が作詞を手がけた『ロンバケ』収録の9曲を、本人が解説!

「雨のウェンズデイ」

「高校から大学1年の時、一色海岸に遊びに行って。あの頃、クルマで砂浜を走れたのね。"壊れかけたワーゲン"は、クレームが来るかなって思ってたけど、来なかった」

「君は天然色」

「妹を失って、渋谷を歩いてる人がみんな死んでるみたいに見える。たまたま生きてる、って感じ。そのモノクロの風景に色を点けてくれ、と。彼女を思う潜在意識が書かせた」

「スピーチ・バルーン」

「竹芝埠頭から苫小牧まで家族旅行でフェリーに。出航の時に岸壁から男の子が一所懸命パッシングしてる。船の女の子は泣いてる。見たことそのままの表現だね」

「Velvet Motel」

「(もととなった題材は)昔、ハリウッドのモーテルで、偶然、伊勢正三とプールサイドで詞の話をしてた。そしたら後ろで騒いでるうるさい家族がいて、それがブルース・スプリングスティーンだった」

「恋するカレン」

「"カレン"ってアメリカのホームドラマがあって。アメリカ・イズ・ワンダフルみたいな洗脳番組(笑)。"カレン"はそこから。この歌詞は『モテない男』に喜ばれた(笑)」

「カナリア諸島にて」

「"カナリア諸島"という地名は小川国夫の小説から使ったんだけど、実際に行ったのは数十年後。テネリフェって島は、この風景を見て書いたのか、というくらいぴったりだった」

「FUN × 4」

「大滝さんからビーチ・ボーイズの『ファン・ファン・ファン』のもうひとつ"ファン"が多いやつ、ってリクエストで。「散歩しない?」は太田裕美に歌わせてるんだよね」

「我が心のピンボール」

「小学生の頃、青山にできたボウリング場に忍び込んで、そこにピンボールの機械(TILT)があった。歌詞に「TILT」が入ってるのって洋楽にもないんじゃない?」

「さらばシベリア鉄道」

「最後にできた曲。(大滝から)スプートニクスがやりたいんだと、ロシアのイメージで。この曲を書いてた冬の記憶とジョン・レノン(死去)のニュースと僕の中でダブってる」

年表

65年の生涯にたどる、常識破りな男の足跡。

1948年 7月28日 岩手県江刺市梁川（現：奥州市江刺）に生まれる。

1958年 三波春夫「チャンチキおけさ／船方さんよ」などの流行歌を聴いて育つ。

1959年 小学5年の時、親戚の家でコニー・フランシスの「カラーに口紅」を聴き、アメリカン・ポップスの世界へ足を踏み入れる。

1960年 小林旭の「アキラのズンドコ節」「アキラのダンチョネ節」などを愛聴する。

1961年 中学1年の時にラジオ・クラブに所属し、ハンドメイドのラジオでFEN『ファン・ダイアル』やニッポン放送『キャンディー・ベスト・ヒット・パレード』を聴き始める。同時期に「スーダラ節」を聴き、クレイジー・キャッツにアメリカン・ポップスに匹敵するほどの衝撃を受ける。

1962年 エルヴィス・プレスリーに出合い、レコードを集め始める。その後、ビーチ・ボーイズ、フォー・シーズンズ、ザ・ロネッツやクリスタルズなどフィル・スペクター関連のガールズ・グループ、クリフ・リチャード&ザ・シャドウズなどにも熱中する。

1963年 修学旅行で上京し、三越のレコード売り場でアメリカン・ポップスのレコードを買いあさる。その後もアメリカン・ポップスに傾倒する。

1964年 1月 FENでザ・ビートルズの「抱きしめたい」を聴き、衝撃を受ける。以後、ザ・ビートルズやデイヴ・クラーク・ファイヴなどリバプール・サウンドにのめり込む。

1965年 高校2年の時、最初のバンド〝スプレンダーズ〟を結成。担当はドラムス。音楽的には、ザ・バーズなどのフォーク・ロックに傾倒する。さらにこの頃、初めて自分のDJ番組をテープに吹き込む。

1966年 高校3年の時、学校の予餞会で演奏。1曲ごとにザ・ドリフターズの〝全員集合〟をやってウケる。

1967年 上京し、布谷文夫らと出会い〝タブー〟を結成。ドラマーとして参加するも、バンドは同年暮れに解散する。

1968年 前年、布谷文夫を通じて知り会った中田佳彦（のちにキングレコードのディレクターに就任）の紹介で細野晴臣と出会う。ここから大滝、中田、細野による勉強会的グループが生まれ、

初のソロ・アルバム『大瀧詠一』のインナー・ジャケットに掲載された、大滝少年の貴重な写真。

1969年

後年〝ランプ・ポスト〟となる。

9月6日　はっぴいえんどの母体となる〝エイプリル・フール〟のライブを新宿パニックへ観に行った大滝は細野から新バンド参加を要請される。

9月23日　細野がエイプリル・フールを解散し、新バンドを〝ヴァレンタイン・ブルー〟と命名。メンバーは細野、大滝、松本隆。

10月28日　鈴木茂を加えたヴァレンタイン・ブルーが『ロックはバリケードをめざす』（お茶の水全電通会館ホールにて）に出演。

11月23日　細野とふたり、〝細野晴臣＋α〟名でフォークコンサートに出演（代々木区民会館にて）。大滝はジョニ・ミッチェルの「チェルシー・モーニング」を歌う。

1970年

3月　バンド名を〝はっぴいえんど〟と改める。

3月17日　URCレコードと契約。バンド活動と並行し、これ以降は岡林信康らのレコーディングやライブ演奏にも参加する。

4月12日　『ロック反乱祭』（文京公会堂にて）に出演。はっぴいえんどとしての初ステージを飾る。

8月5日　はっぴいえんどのファースト・アルバム『はっぴいえんど』リリース。

8月8〜9日　『第2回全日本フォークジャンボリー』（岐阜県中津川にて）に出演。岡林信康のバッキングを務める。

1971年

1月15日　フジテレビ『ナイトショー』に出演し、「春よ来い」を歌う。はっぴいえんどにとっては最初で最後のテレビ出演となる。

4月1日　はっぴいえんどのシングル「12月の雨の日」リリース。

7月5日　大滝が初めてプロデュースした、かねのぶさちこのシングル「時にまかせて」リリース。

8月6日　『箱根アフロディーテ』（箱根芦ノ湖にて）に出演。

8月7〜9日　『第3回全日本フォークジャンボリー』（岐阜県中津川にて）に出演。

11月20日　はっぴいえんどのセカンド・アルバム『風街ろまん』リリース。

12月10日　はっぴいえんどのシングル「花いちもんめ」、大滝のファースト・ソロ・シングル「恋の汽車ポッポ」リリース。

1972年

6月25日　大滝のセカンド・ソロ・シングル「空飛ぶくじら」リリース。

10月4〜25日　はっぴいえんど渡米。ヴァン・ダイク・パークスらが参加した

はっぴいえんどの第1弾アルバム『はっぴいえんど』。日本の新たなロックがここから始まった。

はっぴいえんどの名盤『風街ろまん』の翌月に登場した、記念すべき初ソロ曲「恋の汽車ポッポ」。

サード・アルバム『HAPPY END』をロサンゼルスで録音する。
11月25日 大滝のファースト・ソロ・アルバム『大瀧詠一』リリース。
12月19日 ニッポン放送『オールナイトニッポン』にゲスト出演。
12月31日 はっぴいえんど、正式に解散。

1973年

1月 その後の活動拠点となる、東京都多摩地域西部の福生に引っ越しをする。
2月25日 はっぴいえんどのサード・アルバム『HAPPY END』とシングル「さよならアメリカ さよならニッポン」を同時リリース。
2月26日 大滝、CMソング「Cider '73」の制作を開始。
8月18日 山下達郎と長門芳郎（シュガー・ベイブのマネジャー）が福生の大滝宅を訪問。大滝は、はっぴいえんどの解散コンサートでのコーラスをシュガー・ベイブに依頼する。
9月10日 はっぴいえんどのベスト・アルバム『CITY - はっぴいえんどベストアルバム』リリース。
9月21日 はっぴいえんどの解散コンサート『CITY-Last Time Around』（文京公会堂にて）開催。ココナツ・バンク、シュガー・ベイブ、南佳孝、吉田美奈子、キャラメル・ママらのお披露目コンサートでもあった。
同日、大滝がプロデュースした、布谷文夫とココナツ・バンクのシングル「台風13号」リリース。
11月21日 大滝がプロデュースした、布谷文夫のアルバム『悲しき夏バテ』リリース。
12月 ナイアガラ・エンタープライズが設立される。

1974年

1月15日 はっぴいえんど『ライブ!! はっぴいえんど』リリース。
6月19日 大滝、NHK『若いこだま』でラジオDJデビュー。
9月 ナイアガラ・レーベルがエレック・レコードと契約。

1975年

4月25日 大滝がプロデュースした、シュガー・ベイブのアルバム『SONGS』とシングル「DOWN TOWN」リリース。
5月30日 セカンド・ソロ・アルバム『ナイアガラ・ムーン』リリース。
自宅に「福生45スタジオ」を設立し、レコーディングを実践する。
6月9日 ラジオ関東（現：アール・エフ・ラジオ日本）で自身のDJ番組『ゴー！ゴー！ナイアガラ』開始。
DJ名"Each Ohtaki"としての活動を本格化させる。

1976年

1月19日 ナイアガラ・レーベルが日本コロムビアへ移籍。

『ナイアガラ・トライアングル Vol1』裏ジャケットから、山下達郎、伊藤銀次との写真。

77年6月20日、渋谷公会堂で開催された『ファースト・ナイアガラツアー』ポスターとチケット。

3月25日 山下達郎・伊藤銀次・大滝詠一による
アルバム『ナイアガラ・トライアングル Vol.1』リリース。
4月1日 ナイアガラ・トライアングルのシングル「幸せにさよなら」リリース。
4月15日 ニッポン放送の『オールナイトニッポン』スペシャル・パーソナリティーを務める。
6月1日 大滝がプロデュースした、布谷文夫（with ナイアガラ社中）の
シングル「ナイアガラ音頭」リリース。
10月25日 サード・ソロ・アルバム『ゴー！ ゴー！ ナイアガラ』リリース。

1977年

3月25日 『ナイアガラCMスペシャルVol.1』リリース。
7月1日 シングル「青空のように」リリース。
11月25日 多羅尾伴内楽團名義によるインスト・アルバム『多羅尾伴内楽團Vol.1』リリース。
12月1日 多羅尾伴内楽團名義によるシングル「霧の彼方へ」リリース。
12月25日 4枚目のソロ・アルバム『ナイアガラ・カレンダー'78』リリース。

1978年

2月1日 シングル「ブルー・ヴァレンタイン・デイ」リリース。
6月25日 多羅尾伴内楽團名義によるインスト・アルバム『多羅尾伴内楽團Vol.2』リリース。
8月25日 『ヤング・ギター』誌上での投票により
収録曲を決めたベスト・アルバム『大滝詠一デビュー』リリース。
9月25日 ラジオ関東での番組『ゴー！ ゴー！ ナイアガラ』終了。
11月25日 ナイアガラ・フォーリング・スターズ名義によるアルバム『レッツ・オンド・アゲン』リリース。

1979年

10月14日 TBSラジオでDJ番組『ゴー！ ゴー！ ナイアガラ』再スタート。

1980年

4月6日 TBSラジオのDJ番組『ゴー！ ゴー！ ナイアガラ』がいったん終了。
4月18日 ナイアガラ・レーベルがCBS・ソニーへ移籍決定。

1981年

3月21日 5枚目のソロ・アルバム『ロング・バケイション』とシングル「君は天然色」リリース。
4月1日 編集アルバム『ナイアガラ・フォール・スターズ』リリース。
6月21日 シングル「恋するカレン」リリース。
7月21日 インスト・アルバム『Sing ALONG VACATION』リリース。
9月21日 フィヨルド7名義によるシングル「哀愁のさらばシベリア鉄道」リリース。
10月10日 TBSラジオでDJ番組『ゴー！ ゴー！ ナイアガラ』再開。

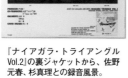

『ナイアガラ・トライアングル Vol.2』の裏ジャケットから、佐野元春、杉真理との録音風景。

photo：井出情児

81年6月1日、新宿厚生年金会館で行われた『A LONG VACATION』コンサートの模様。

1982年

10月21日 シングル「A面で恋をして（ナイアガラ・トライアングル）」と、
大滝が5曲のプロデュースと作曲を手がけた、松田聖子『風立ちぬ』が同時リリース。

12月2日 9枚組アナログ・ボックス『NIAGARA VOX』リリース。

12月3日 『ヘッドフォン・コンサート』（渋谷公会堂にて）実施。

12月25日 書籍『All About Niagara』（八曜社）刊行。

1983年

3月21日 佐野元春・杉真理・大滝によるアルバム『ナイアガラ・トライアングル Vol.2』と
シングル「ハートじかけのオレンジ」を同時リリース。

5月21日 シングル「雨のウェンズデイ」リリース。

6月1日 インスト・アルバム『NIAGARA SONG BOOK』リリース。

10月1日 アルバム『ナイアガラCMスペシャル Vol.2』と、
国内初CD盤となったCD版『ロング・バケイション』リリース。

1984年

3月29日 TBSラジオのDJ番組『ゴー！ゴー！ナイアガラ』終了。

3月21日 6枚目のソロ・アルバム『イーチ・タイム』リリース。

4月1日 5枚組アナログ・ボックス『NIAGARA BLACK VOX』と、
12インチ・シングル5枚組の限定ボックス『EACH TIME SINGLE VOX』が同時リリース。

1985年

6月1日 インスト・アルバム『NIAGARA SONG BOOK 2』リリース。

6月1日 CDとカセットのみで編集アルバム『B-EACH TIME L-ONG』リリース。

6月15日 『オール・トゥゲザー・ナウ』（国立競技場にて）に出演。はっぴいえんど再結成される。

9月5日 はっぴいえんど再結成ライブを収録したアルバム『THE HAPPY END』リリース。

11月1日 シングル「フィヨルドの少女」リリース。

1986年

6月1日 アルバム『Complete EACH TIME』、
8枚組CDボックス『NIAGARA CD BOOK 1』が同時リリース。

6月21日 4枚組CDボックス『NIAGARA BLACK BOOK』リリース。

1987年

6月1日 旧譜6作をリマスター再発。

1989年

6月29日 監修本『フィル・スペクター／甦る伝説』（白夜書房）刊行。

1990年

3月21日 アルバム『Eiichi Ohtaki Songbook I 大滝詠一作品集（1980-1985）』リリース。

1991年

5月2日 ニッポン放送『ショウアップナイター巨人×ヤクルト』に解説者として出演。

1993年

5月25日 はっぴいえんどの4枚組CDボックス『はっぴいえんど』リリース。

幻のジャケットとなった『イーチ・タイム』の校正刷り。発売延期に伴い、現ジャケットに差し替えられた。

1994年	9月15日	TBSラジオ『エキサイトナイター巨人×中日』に解説者として出演。
	7月1日	ダブル・オー・レコード取締役に就任。
1995年	3月24日	アルバム『EIICHI OHTAKI Song Book II 大滝詠一作品集 Vol.2(1971-1988)』リリース。
	7月7~11日	NHK-FMで『大瀧詠一の日本ポップス伝』放送。
1996年	3月21日	85年にプロモ・オンリーでつくられたアルバム『SNOW TIME』初製品(CD)化。
1997年	11月12日	CDシングル「幸せな結末」リリース。
1999年	1月4~8日	NHK-FMで『大瀧詠一の日本ポップス伝 パート2』放送。
2001年	3月21日	アルバム『ロング・バケイション 20th Anniversary Edition』リリース。
	9月30日	ラジオ日本で『ゴー！ ゴー！ ナイアガラ・アーカイヴス』スタート。
2003年	5月21日	シングル「恋するふたり」リリース。
2004年	3月21日	アルバム『EACH TIME 20th Anniversary Edition』リリース。
	3月31日	はっぴいえんどの8枚組CDボックス『はっぴいえんどBOX』リリース。
2005年	3月21日	アルバム『ナイアガラ・ムーン 30th Anniversary Edition』リリース。
2006年	9月21日	アルバム『ゴー！ ゴー！ ナイアガラ 30th Anniversary Edition』リリース。
2007年	3月21日	アルバム『ナイアガラCMスペシャル 3rd Issue 30th Anniversary Edition』リリース。
	9月21日	インスト・アルバム『多羅尾伴内楽團Vol.1&Vol.2 30th Anniversary Edition』リリース。
2008年	3月21日	アルバム『ナイアガラ・カレンダー 30th Anniversary Edition』リリース。
2010年	3月21日	アルバム『EIICHI OHTAKI Song Book I 大瀧詠一作品集 Vol.1(1980-1998)』リリース。
2011年	3月21日	アルバム『ロング・バケイション 30th Edition』と、12枚組CDボックス『NIAGARA CD BOOK I』リリース。
2012年	3月26日	NHK-FMで『大瀧詠一のアメリカン・ポップス伝』スタート。翌13年8月までに計20本を放送する。
2013年	3月21日	インスト・アルバム『NIAGARA SONG BOOK 30th Edition』リリース。
	12月30日	東京都瑞穂町の自宅で大動脈解離のため倒れ、搬送先の病院で死去。

写真提供：ソニー・ミュージックレーベルズ

シャネルズ時代から交流のある、鈴木雅之とのツーショット写真。1996年頃撮影されたもの。

亡くなる9か月前に発表された、生前最後の作品『NIAGARA SONG BOOK 30th Edition』。

DISC JOCKEY

比類なき音楽の見識を、ラジオで広く伝えた。

テレビ放送が始まる5年前に大滝詠一は生まれた。つまり、ラジオこそが大滝が生涯親しんだメディアだったのだ。「将来はDJになりたい」——そんな大滝少年の夢は、1975年に始まったDJ番組『ゴー! ゴー! ナイアガラ』で実現する。彼の番組はとにかくマニアックと評判で、初回に紹介したキャロル・キングの曲は、彼女がスタッフライター時代の作品。ブレイク後の曲は一切流さなかった。アメリカン・オールディーズから昭和歌謡や音頭まで、比類なき音楽的見識を系統立てて紹介した大滝の名ラジオ番組は、いまも語り草である。

福生の自宅スタジオにて。DJ、選曲、録音、構成までをひとりでこなし、ラジオ番組を制作した。

© 日本コロムビア

クレイジー・キャッツの先輩格の笑える実験音楽盤。大滝監修作。

『スパイク・ジョーンズ・スタイル』
フランキー堺とシティ・スリッカーズ

協力：渡辺音楽出版

大滝が編集を手がけた、昭和を象徴するコミックバンドの人気盤。

『クレイジー・キャッツ・デラックス』
ハナ肇とクレイジー・キャッツ

© ビクターエンタテインメント

戦後の人気コメディアンの再評価を導いた、大滝のプロデュース盤。

『ジス・イズ・ミスター・トニー谷』
トニー谷

BASEBALL

「ひとり12球団」と称し、プロ野球を愛し続けた。

はっぴいえんどからの15年を「実践の15年」、それ以降を「解説の15年」と自ら定義付けていた大滝。そんな彼が、まさに解説者として活躍するほど愛していたのがプロ野球だった。1993年にプロ野球のラジオ放送で解説者デビュー。『スポーツニッポン』紙上では「大滝詠一～長嶋論ナイアガラ風味」という連載コラムも担当するほどの玄人肌だった。とりわけ彼が愛したのが長嶋茂雄。長嶋を愛するからこそ、プロ野球全般を知ろうとした彼は、「森を見て木を見る」がごとく、自らを「ひとり12球団」とたとえながら野球への愛を貫いた。

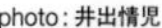
photo：井出情児

左：当初は右投げ右打ちだったが、ボールが飛んで川に落ちてしまうという理由から左打ちを習得したという運動神経の持ち主だった大滝。右：大滝が草野球チームで着用していたユニフォーム。44ページの別名「ミズホの大滝（背番号16）」通り、背番号は16。

JAPANESE COMEDIAN

監修作品を通して示した、“お笑い”への深い造詣。

幼少期から落語や演芸を嗜み、中学1年で耳にしたクレイジー・キャッツにアメリカン・ポップスに匹敵するほどの衝撃を受けた大滝。“お笑い”にもやはり一家言をもつ男だった。先代アーティスト音源の発掘や監修、編纂に積極的に取り組み、1986年から87年にかけて発表したフランキー堺、クレイジー・キャッツ、トニー谷などのコメディー系アーティスト作品では、小林信彦ら、その道の権威すらも一目置く的確なコンパイルを披露。お笑いへの深い造詣と愛情を世に示した。笑いを盛り込んだ「ノベルティソング」も彼の十八番だった。

photo：井出情児

変名・別名を使い分けながら、多種多彩な活動を繰り広げた。

大滝詠一は、レーベル・オーナー、プロデューサー、作家、文筆家業などでは「大瀧詠一」名を用いていた。そればかりか、自身の多彩な活動を覆い隠すかのように数多の変名と別名を使い分けた。パロディーネームにも深い意味あり。そんな変名と別名の全容を『All About Niagara』を参考に紹介しよう。

厚家羅漢
評論家、解説者。「あっけらかん」と読む。CD4枚組ボックスセット『ナイアガラ・ブラック・ブック』の解説を皮切りに、フィル・スペクターによるクリスマス・アルバム『クリスマス・ギフト・フォー・ユー・フロム・フィル・スペクター』の解説、東京ビートルズ『meet the 東京ビートルズ』やフランキー堺とシティ・スリッカーズ『スパイク・ジョーンズ・スタイル』などの編集および監修を手がけた。リアルタイムでの音楽体験に基づいた解説を信条とし、日本のビートルズ研究にも大きな影響を与えた。

Each Ohtaki

『ゴー！ゴー！ナイアガラ』でのDJ名。自分でレコードを回して喋るスタイルは、伝説のDJ、糸井五郎に通じる。同ラジオのジングルでは〝Each Ohtaki & Ishihata Hand Clappers〟名義で手拍子を担当。「烏賊酢是！此乃鯉」で、大滝詠一「いかすぜ！この恋」をカバーしている。

イーハトヴ・田五三九

ドラマー、パーカッショニスト。大滝と同じく岩手県を故郷にもつ宮沢賢治による造語「イーハトヴ」（〝心象世界の理想郷〟の意）を姓にもつ。初登場は大滝詠一のデビュー・シングルのB面「それはぼくぢゃないよ」。『ナイアガラ・カレンダー』でもパーカッションを担当した。「ハンド・クラッピング音頭」は、イーハトヴ・田五三九名義の楽曲。

内気なイーチ

「土曜の夜の恋人」でカズーを担当。ジョニー・ソマーズの1962年のヒット曲「内気なジョニー」がモチーフだと推測される。

大滝詠二

2011年9月24日、TBSラジオ『久米宏ラジオなんですけど』に出演した際、〝大滝詠一とうりふたつの弟〟という設定で登場した時の名前。

大滝パパ

『ナイアガラ・カレンダー'78』に収録された「青空のように」を歌う。

樋二歌八

山田邦子「邦子のアンアン小唄」のスーパーバイザー。

鬼野盗作

〝ナイアガラ俳句友の会〟所属の俳人。銘作に「音楽に良いも悪いもなかりけり聴く人々の耳に合わねば」がある。

我田引水

大滝詠一の自称弟子。のちにJack Tonesのバリトンとして起用される。〝信じられる耳を持つ努力をしよう会〟の発起人にして、〝哀愁サウンド歌謡曲同好会〟会長。歌手としても「思い出は霧の中」でデビューを飾った。LP5枚組ボックスセット『ナイアガラ・ブラック・ボックス』にも収められた『ナイアガラ・レコード・コレクティング・ガイド』の編集・構成も担当。

上星川コーラス同好会

「水彩画の町」でコーラスを担当する。

金田一幸助

ギタリスト。横溝正史の推理小説シリーズに登場する探偵〝金田一耕助〟からその名をとった。加川良の「その朝」で初登場。資生堂のCM「アシアシ」「丈夫な夫婦」、松田聖子の「ガラスの入江」のイントロのギターは彼が手がけた。のちにJack Tonesのセカンド・テナーにも起用されたが、その座を多羅尾伴内に奪われる。

国定公園

『ナイアガラ・カレンダー'78』に収録された「名月赤坂マンション」を歌う。同アルバムの裏ジャケットに登場。「くにさだきみその」と読む。もちろん、国定忠治のもじり。〝股旅さうんど愛好会〟会長。

苦労沸大滝

『レッツ・オンド・アゲン』収録の「呆阿津怒哀声音頭」で樽を叩く。

苦労巣三太

『ナイアガラ・カレンダー'78』に収録された「クリスマス音頭」を歌う。

Gorman Fusson

フィンランド出身の7人組バンド「フィヨルド7」（実は大滝詠一の覆面バンド）のプロデューサー、アレンジャー。「哀愁のさらばシベリア鉄道」のアレンジを手がける。

坂本八

『ナイアガラ・カレンダー'78』に収録された「お正月」の〝2番を歌う。もちろん、坂本九のもじり。はっぴいえんど「外はいい天気」での歌い方が坂本九っぽいと小林克也に指摘されたことから命名。

Jack Tones

大滝詠一のひとり多重録音によるコーラス・グループ。宿霧十軒（バス）、我田引水（バリトン）、ちぇるしぃ（ファースト・テナー）、金田一幸助（のちに多羅尾伴内と交替、セカンド・テナー）から成り、『ゴー！ゴー！ナイアガラ』の裏ジャケットに彼らのイラストが載っている。

冗談じゃねぇーやーず

多羅尾伴内と鈴木慶一によるコーラス・グループ。『大瀧詠一』に収録された「いかすぜ！この恋」で登場した。エルヴィス・プレスリーのバック・コーラスを務めたザ・ジョーダネアーズから命名。

素家羅漢

厚家羅漢のいとこ。『クリスマス・ギフト・フォー・ユー・フロム・フィル・スペクター』で曲目解説を担当した。

多羅尾伴内

アレンジャー、CM音楽作曲、ピアニスト、パーカッショニスト、ドラマー、作詞家、作曲家。はっぴいえんど『風街ろまん』に収録された「颱風」に〝Production〟とクレジットされたのが初登場だった。基本的にはアレンジャーであるが、布谷文夫『悲しき夏バテ』ではプロデュース、『大瀧詠一』ではアレンジのほかボーカル、パーカッションも担当。のちに〝多羅尾伴内楽團〟を結成、アルバム2枚を発表した。1997年の「Happy Endで始めよう」では作曲を担当。〝7つの顔をもつ男〟として知られる、比佐芳武原作・脚本のミステリー映画人気シリーズの主人公から命名した名前の通り、多岐にわたって活躍した。

ちぇるしぃ

アレンジャーとして、かねのぶさちこ「時にまかせて」で初登場。Jack Tonesのファースト・テナーにも起用された。歌手としては『ナイアガラ・カレンダー'78』に収録された「Blue Valentine's Day」を歌っている。精神年齢は18歳だとか。ヴァレンタイン・ブルー時代にライブでジョニ・ミッチェルの「チェルシー・モーニング」を歌ったことからファンの女の子に呼ばれた愛称。80年代以降は表記を〝CHELSEA〟に変え、松田聖子「Rock'n' roll Good-bye」や渡辺満里奈「うれしい予感」などを手がけた。

遠山〝桜吹雪〟金五郎

『ナイアガラ・カレンダー'78』に収録された「お花見

メレンゲ」を歌う。同アルバムのジャケットにも登場。〝遠山の金さん〟こと遠山金四郎景元と柳家金語楼をヒントに命名した。

ドゥルットゥル愛好会

『大瀧詠一』に収録された「五月雨」でコーラスを担当する。

読書同好会

『ナイアガラ・カレンダー'78』に収録された「座 読書」でコーラスを担当する。

トランク短井

『ナイアガラ・カレンダー'78』に収録された「お正月」の1番を歌う。フランク永井のもじり。1997年11月28日、『オールナイトニッポンDX』ラジオ特番の『ゴー！ゴー！ 隅田川』では、自身が長らく音楽活動をしていなかったことを揶揄して〝ブランク永井〟の存在もほのめかした。

中野中福

「幸せな結末」の作詞家〝多幸福（フジテレビのドラマ『ラブ ジェネレーション』演出家の永山耕作との共作）〟に対応した名義である可能性が高く、永山と大滝の共作名とする説もある。

南部半九郎

ベーシスト。阪本牙城作の漫画キャラクター〝タンクタンクロー〟のもじりとされる。高田漣の「自転車に乗って」で初登場。「恋の汽車ポッポ」「それはぼくぢゃないよ」などの大滝楽曲に参加した。

二宮損損

『ナイアガラ・カレンダー'78』に収録された「座 読書」で歌う。同アルバムの裏ジャケットにも登場。二宮尊徳のもじりとされる。

馬耳東風

和様書道の基礎を築いたといわれる、小野道風の自称弟子。〝信じられる耳を持つ努力をしよう会〟会長。

パック・大滝

『ナイアガラ・カレンダー'78』に収録された「真夏の昼の夢」で歌う。

Hill Andon

『多羅尾伴内楽團Vol.1』に収録された「Yuki-Ya-Kon-Kon」をアレンジする。

Bill "The Rainmaker" メロメロ

『ナイアガラ・カレンダー'78』に収録された「五月雨」で歌う。映画『雨を降らす男（The Rainmaker）』でバート・ランカスターが演じた役名ビル・スターバックに由来する名前と推測される。

笛吹銅次

レコーディング・エンジニア、ミキサー。東映映画『笛吹童子』を観て育った大滝が、ミキサーの吉野金次、ミュージシャンの伊藤銀次に続くことでオリンピックのメダルを独占できるという理由で名付けたといわれる。初仕事は「Cider'73」でおもに1970年代に活躍。シュガー・ベイブ「Yumin'」、アパッチ「レモンのキッス」などのミックスを手がける。

松本晴臣

1997年2月11日、サニーデイ・サービスのラジオ番組『サブストリーム』にゲスト出演する。

三木卵郎

『ナイアガラCMスペシャルVol.1 30th Anniversary』で解説を執筆。CM音楽の元祖ともいえる三木鶏郎とクレイジー・キャッツの桜井センリが一時期用いたペンネーム〝三木雛郎〟にあやかって命名。

Mr.ツンドラ

1985年12月1日、『スノー・タイム』を紹介したFM東京のラジオ・ドラマ『大滝詠一ウィンター・ワンダー・ランド』でロシアの寿司屋を演じる。

ミズホの大滝（背番号16）

『ナイアガラ・カレンダー'78』収録の「Baseball-Crazy」で歌う。

宿霧十軒

コーラス・グループ〝Jack Tones〟にてバスを担当。初登場は、伊藤銀次の著作『ロック・ギター・フレーズ集』（協楽社）の協力者として。「すてきなメロディー」「Sugar」、細野晴臣の「蝶々さん」などでバスの低音を披露し、「泳げカナヅチ君」「空飛ぶカナヅチ君」ではリード・ボーカルも担当した。80年代には、ラッツ&スターの「星空のサーカス」や「Rock'n roll退屈男」でアレンジも手がける。「やどぎりじゅうけん」と読む名前は、スティーヴ・マックイーン主演のテレビ映画『拳銃無宿』から命名したもの。

吉川詠一

74年1月号『新譜ジャーナル』に掲載された「その後の武蔵達」の筆者。原稿の中でクレイジー・キャッツの再評価を訴えた。新聞小説『宮本武蔵』の著者である吉川英治から、その名はとられている。

Rinky O'hen

アレンジャー。レナード・コーエンの自称弟子。植木等『スーダラ伝説』でスーパーバイザーを務めた後、植木等「針切じいさんのロケン・ロール」や自身の「Happy Endで始めよう」のアレンジを担当した。

大滝詠一の印象深いアルバムたち。

印象的なイラストが決定づけた名作の世界観。

大滝詠一の『ロング・バケイション』といえば、サウンドとともに誰もが思い浮かべるのがあの印象的なアルバムジャケットだろう。誰もいないプール、白いパラソル、そして視界の彼方には水平線と青空。この作品をはじめ、大滝の代名詞でもある一連のイラストを手がけたのが、永井博だ。

1970年代末、永井と大滝はあるイラストブックを共作するため出会う。「話をもらったのは仕事がちょうど忙しくなってきた頃で、文章を誰かに頼むことになり、出版社から大滝さんを紹介されたんです。彼の文章はだいたいが洋楽の歌詞の一節でした」

79年に発表されたふたりの共著『ア ロング バケイション』は、リッキー・ネルソンの曲からタイトルを引用。さらに本の表紙のイラ

永井の作品を扱う東京・恵比寿の「FMCD Gallery Studio」にて。右から2番目の絵はイラストブック『アロング バケイション』に収録。

ストと同じタイトルを使い、81年に完成したのがアルバム『ロング・バケイション』だった。

「実はジャケットの作品は、以前にワインメーカーのために描いたものです。本をつくる時も特に大滝さんからリクエストはありませんでした。アルバム制作準備のための合宿に、彼はあの本を持って行ったそう。音楽と絵が合っているのはそのためでしょうね」

ブラック・ミュージックの熱心な愛好家である永井は、当時あまり日本の音楽を聴いていなかった。しかし『ロンバケ』には心が動いた。

永井 博
Hiroshi Nagai
イラストレーター

●1947年、徳島県生まれ。70年からグラフィックデザイナーとして活動し、78年にイラストレーターとして独立。以来、ジャケットや広告などのイラストを多数手がける。また、ブラック・ミュージックのコレクターとしてDJとしても活動。近年はミュージシャンへの作品提供の他、アパレルブランドとのコラボレーションも行う。

「音に深みがあり、チープさがない。邦楽は日本語が聞こえすぎることもあるけど、それがなくて、音と松本隆さんの歌詞との組み合わせがいい」

『ロンバケ』以外にも大滝作品を彩った永井の作風は、現在まで一貫している。南国の風景をおもなモチーフにしながらも、独特の洗練とモダンさがあり、不思議な情緒がある。絵のタッチはコンピューター・グラフィックスを思わせるが、すべて自身の手でキャンバスにアクリル絵の具で描いている。

「イラストレーションを始めた70年代から、ミッドセンチュリーの建築や家具がすごく好きで、洋書をたくさん買って見ていたんです。当時のリチャード・ノイトラの建築をアレンジして、絵に取り入れた作品もあります。僕の絵はフィフティーズっぽいって言われることもあるけれど、いわゆるフィフティーズではない。ちょっと中途半端な時代感に惹かれるんです」

題材にする風景は、70年代に訪れたグアムからのインスピレーションが大きいそうだ。またそれ以前にイラストレーターの仲間たちと、アメリカを40日間にわたり旅したこともあった。そんな体験のエッセンスが、描かれる世界を生き生きと輝かせている。

「僕の絵を見たアメリカ人が『懐かしい』って言うんです。インスタグラムのフォロワーも外国人が多く、先日はオーストラリアで個展がありました」

近年の世界的なシティポップ再評価の流れの中で、国内外の若いミュージシャンから永井の絵を使いたいという依頼も増えている。

「いまの若い描き手はセンスがいい上に、うまくデジタルも使うから、自分が生き残っているのは不思議（笑）。でも僕の絵を使って音楽が売れるなら、もちろん協力しますよ」

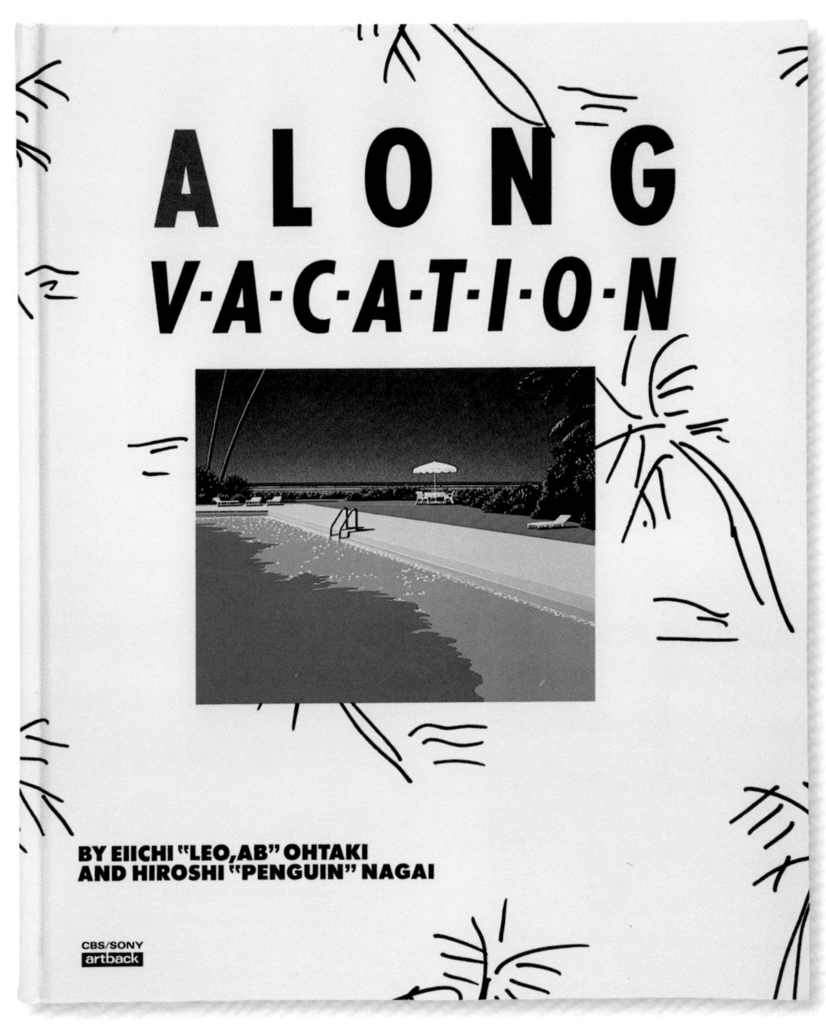

『ア ロング バケイション』
大滝詠一 文　永井 博 イラスト　CBS・ソニー出版　1979年

イラストブック『ア ロング バケイション』より。いずれも南国の風景が描かれるが、フラットな色使いと幾何学的な構図により独特の洗練が備わる。この感覚が、大滝をはじめ現代のシティポップのアーティストにも広く好まれている。左ページ下の作品は、大滝の「恋するカレン」のシングルジャケットで使用。イラストブックの復刻版は完全限定生産の『A LONG VACATION VOX』に収録。

イラストブック『ア ロング バケイション』を手にする永井。壁に並ぶのは2020年発表の『NITEFLYTE』収録の作品だ。

8枚のアルバムに収めた、全89曲を完全解説。

1972

1st Album

1960~70年代のポップスを、独自解釈した名作。

『大瀧詠一』

1972年11月25日リリース　ベルウッド・レコード

おもい

大滝のひとり多重録音コーラスによる小曲。ビーチ・ボーイズ的ドリーミーな甘酸っぱいラブソング。アレンジは大滝、細野晴臣と3人でポップスを研究した朋友・中田佳彦。

それはぼくぢゃないよ

デビュー・シングルのB面曲。バンドネオンとペダルスチールがUKフォーク的な空気を醸し出す。爽やかな気怠さが平穏な関係を描出するラブソング。作詞は松本隆。

指切り

メンフィス・ソウルに挑んだソフトロック。はっぴいえんど「かくれんぼ」の後日談的作品。松本の歌詞をリズミカルに解読した手際がすごい。怪しく柔和な歌唱に酔いしれる。

びんぼう

各種ファンクを混合し、ジェリー・リード的リフレインで紡いだ軽快な名作。はっぴいえんどの1972年のライブでよく演奏された。ドメスティックな語呂合わせが楽しい。

五月雨

ファンキー・ソウルと文語表現の融合を試みた諧謔ポップスの快作。詞は永井荷風にインスパイアされたという大滝の作。野地義行のベースが印象的。ドラムスは大滝自身。

ウララカ

フィル・スペクターとデイヴ・クラーク・ファイヴの混合。青空のもと繰り出した群衆を尻目に、3時のおやつに想いを馳せる親子の姿に心和む日曜を歌うナンセンスソング。

あつさのせい

のちにキャラメル・ママとなる4人が初めて集った作品。林立夫のドラミングから歌詞を発想したロックンロール。“暑さ”を“あ、つさ”と分解するダイナミックな歌唱術。

朝寝坊

クルーナー的歌唱による小粋で怠惰なジャズ・ソング。ニルソンへのオマージュにロジャー・ミラーの気配を加味するという72年当時の日本では唯一無二のアプローチ。

水彩画の町

大滝の美しいアコースティック・ギターによる清々しいラブソング。松本が手がけた、淡い色彩感が芳しい歌詞をなめらかなメロディーでさらりと歌う。生け花のような作品。

乱れ髪

ストリングスを導入して日本的抒情をクールに表現したエレガントな作品。林静一、または上村一夫の漫画が思い浮かぶ。「幸せな結末」の原点的メロディアスなラブバラード。

恋の汽車ポッポ 第二部

大滝のデビュー・シングルの続編。細野と大滝がドラムス、ベースが大滝、ギターが鈴木茂、歌詞が松本。リトル・エヴァの「ロコ・モーション」を野太く発展させたR&R。

いかすぜ! この恋

エルヴィス・プレスリーのヒット曲のタイトルをつなぎ合わせ歌詞にしたR&R。カセットテープ・レコーダーで再生した音で収録。自らのルーツへの敬意を特別枠で表現。

1975

2nd Album

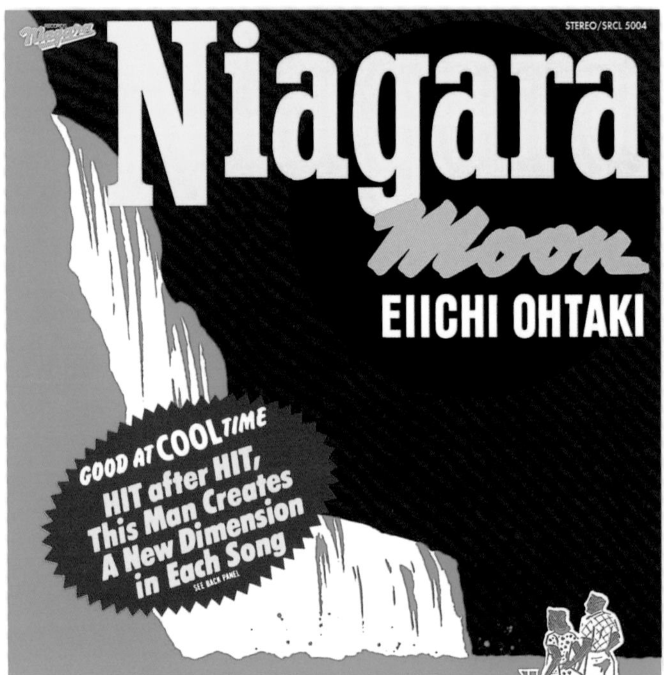

広範な音楽地図を提示する、ビート研究の成果盤。

『ナイアガラ・ムーン』

1975年5月30日リリース　ナイアガラ・レーベル

ナイアガラ・ムーン

ナイアガラ＝滝。山下達郎が録音してきた白糸の滝の音の彼方から聴こえてくるリズム・マシンによるビギンのリズムにストリングス、そして御大の甘い歌声が乗る絶妙なオープニング。

三文ソング

クルト・ヴァイルの『三文オペラ』の題名をもじった曲名。ボビー・ダーリンの「マック・ザ・ナイフ」をヒントにした“さらり”としたジャジーな曲。佐藤博の粋なピアノが素晴らしい。

論寒牛男

エルヴィス・プレスリーの「お日様なんか出なくてもかまわない」を下敷きにした快速R&R。鈴木茂の超絶高速ギターは聴きもの。佐藤と松任谷正隆のダブル・ピアノという珍しい構成。

ロックン・ロール・マーチ

ニューオーリンズのブラス・バンドを意識。ピアノはブギウギ。山下編曲のブラス＋鼓笛隊がマイクを中心に円状に行進して録音。微妙にズレるビートだからこそ聴き手を鼓舞する。

ハンド・クラッピング・ルンバ

CM用の「ドレッサーIII」を改編し、時事ネタ身内ネタを折り込んだニューオーリンズR&B的ファンキーなルンバ。シャーリー・エリス、ミーターズ、ドクター・ジョンなどヒント多数。

恋はメレンゲ

イーディ・ゴーメ「恋はボサ・ノバ」へのアンサー・ソング。大滝は南沙織の歌唱を希望していた。ハイチのリズムにチロル民謡を混合し、バンジョーも導入した恐るべきフュージョン。

福生ストラット（パートII）

福生の住人である証しとしての御当地ファンクの名作。“お守りに”の合いの手コーラスが“にりもまお”と返す幸福なムード。福が生まれる街、福生駅の切符が流行したことをドキュメント。

シャックリ・ママさん

バディ・ホリーがファンクをやれば、との想定曲。佐藤のエレキ・ピアノ、細野晴臣のチョッパー・ベース、鈴木のスライド・ギターで濃厚なグルーヴを創出。歌詞はオイルショックを反映。

楽しい夜更し

アーニー・ケイ・ドゥ、ニール・セダカ、ジュニア・パーカーを下敷きにクレイジー・キャッツと麻雀への愛を表現。曲名は映画『雨に唄えば』の挿入歌「夜更しは楽しいよ」から発想。

いつも夢中

ザ・キングトーンズとのアカペラ作。水谷豊主演CM版で大滝のひとり多重録音に。夢中をムーチュとオノマトペ的に解釈した可愛いラブソング。フォーラバーズとドリフターズの合体。

Cider '73 '74 '75

はっぴいえんど解散後の3年間を代表するCMソングをメドレーに再構成。厚いコーラス、多様な歌唱術、深いエコー、ポリリズムの実験。『ロンバケ』に通じる要素の大部分がここに。

ナイアガラ・ムーンがまた輝けば

マット・モンローにインスパイアされたクルーナー的歌唱のドリーミー・ポップス。大滝のディック・ミネ的側面が表出。シュガー・ベイブのリズム・セクションと駒沢裕城のいい仕事。

1976

3rd Album

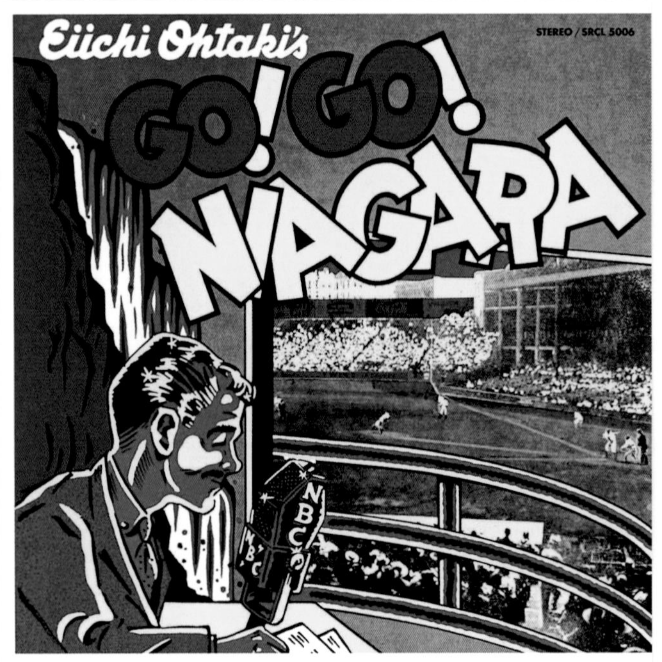

自身のラジオ番組の形式を模し、新曲で構成。

『ゴー!ゴー!ナイアガラ』

1976年10月25日リリース　ナイアガラ・レーベル

GO! GO! Niagaraのテーマ ~Dr.Kaplan's Office

ボブ・B・ソックス&ザ・ブルー・ジーンズ「Why Do Lovers Break Each Other' s Heart?」のB面曲。実際に番組のテーマ曲として使われた。ここではそれをややテンポを落として再演。

趣味趣味音楽

大滝の心情をそのまま歌った哲学ソング。「人と意見が違ってもめくじら立てず潮吹かず我が道行けドンドン」のメッセージをリー・ドーシー風ニューオーリンズ・ファンクで歌い飛ばす。

あの娘に御用心

沢田研二への提供曲をセルフカバー。セカンド・ライン・ビートによるドゥーワップ。大滝の厚いひとり多重コーラス、カズーの重奏と聴きどころ満載。名曲タイトルの折り込みがうれしい。

ジングル;ベースボール

23秒の番組ステッカー。ファンキーな三三七拍子。スライド奏法も冴える。ピアノは坂本龍一。福生エキサイターズ(架空の応援団兼野球チーム)や1970年代ナイアガラの常連が活躍。

こいの滝渡り

ポール・アンカの「Eso Beso」をほのかに想起させるボサノバ的ともいえるダンス・ナンバー。ナイアガラ瀑布の上を歩くという秘術を指南している忍法ポップス。滝から落下の擬音入り。

こんな時、あの娘がいてくれたらナァ

もとは女性用に発案されたという片想いソング。のちにシリア・ポールがカバー。ドラムスとベースを大滝が演奏。深いエコーはややフィル・スペクター・サウンドを意識してのものか。

ジングル;月曜の夜の恋人に

TBSラジオ『馬場こずえの深夜営業』のテーマ曲を自分用にしたもの。軽快な上原裕のドラムスと坂本龍一のニューオーリンズ風ピアノがごきげん。山下達郎、伊藤銀次、田中章弘が客演。

針切り男

同郷の宮沢賢治の「雨ニモマケズ」への返答。健気な男心を語呂合わせの中に潜ませている。奥ゆかしいフォー・シーズンズへのオマージュ・ソング。スチール・ギターが哀愁を演出する。

ニコニコ笑って

ニューオーリンズのクラレンス・ヘンリー「But I Do」への返答。つれない彼女に“ちょっとちょっと”と声をかけるのんびりした失恋ソング。ルイジアナ風情を和風に味つけした佳曲。

ジングル;ナイアガラ・マーチ

「ロックン・ロール・マーチ」を転用したつなぎの小編。“ナイアガラ”の連呼を“ゴーゴー”の合いの手コーラスが盛り立てる。KEEPONによるカバーもこの曲まで含んでいて素晴らしい。

Cobra Twist

リップ・コーズ の「Hey Little Cobra」を基にしたツイスト・ヒット曲の折り込みソング。“アリアリアリ”というコーラスはモハメド・アリ対アントニオ猪木戦にちなんでのもの。

今宵こそ

ドリーミーだが歌詞が文語体で、しかも主唱がコーラスの奥にある特殊な作品。ハープの調べが美しい。「ナイアガラ・ムーンがまた輝けば」の続編的な曲で、こちらはルンバのリズム。

再びGO! GO! Niagaraのテーマ

アルバムがひとつの番組であることを示す演奏。アメリカン・オールディーズの『Cruisin'』シリーズや岩崎宏美の『ファンタジー』などDJ入りアルバムを本作と併聴するのもお薦め。

1977

4th Album

1年を月ごとにし、
12人に化身して歌う快作。

『ナイアガラ・カレンダー'78』

1977年12月25日リリース　ナイアガラ・レーベル

Rock'n'Roll お年玉

カレンダーをめくり、大滝の新年の挨拶から始まるR&R折り込み曲。ハーモニカの間奏が麗しい。はっぴいえんど「春よ来い」への返答も。エルヴィス・プレスリーへのオマージュ強し。

Blue Valentine's Day

ドラムスなし。ウッドベース2本と生ギター3本と歌という構成の名バラード。歌が生々しく身近に感得できる。アコースティックな『ロンバケ』の趣。途中の転調も大滝ならでは。

お花見メレンゲ

落語『長屋の花見』をメレンゲにした桜ソング。たなびく春風を「さくらさくら」のメロディーによるスチール・ギターでアダプト。細部のリズムのあやはその後も多彩に展開されていく。

Baseball-Crazy

セカンド・ラインのマンボによるプロ野球賛歌。「ジングル；ベースボール」の発展型。三三七拍子の野球拳で応援団長の布谷文夫の蛮声も楽しい。ネヴィル・ブラザーズに聴かせたかった。

五月雨

1972年作品の再編曲版。厚いサウンドはコーラスを何度も重ねて奥行きを構築。スローに歌い込んでいる。フィル・スペクター的でライチャス・ブラザーズが謡曲に挑戦しているよう。

青空のように

77年7月発表のシングル曲の別ミックス版。本格的にスペクター・サウンドに取り組んだ成果が良好に表れている。その後に応用された要素の多い重要作。81年の再々構成版も必聴。

泳げカナヅチ君

「およげ!たいやきくん」の泳げない人版。低音声はカナヅチを表現している。サーフィン・ヒットにエレキ・インストも折り込み、コーラスは多彩。その後、カナヅチ君は宇宙へ行く。

真夏の昼の夢

夏の昼のうたた寝で見た夢を甘美に描いたバラード。アメリカン・スタンダード・ソングのような、なめらかで涼しげな世界を展開する。ストリングス・アレンジは山下達郎が担当した。

名月赤坂マンション

クレイジー・キャッツの「めんどうみたヨ」と「たそがれ忠治」を合体して自身の事務所移転を作品化。股旅レゲエという史上初の試み。布谷の遠吠えのような"アミーゴ!"が強烈。

座 読書

座って読書したまま踊れるニュー・リズムの発明を漫画的に立体表現した低音の効いたダンス・ナンバー。ストレンジラヴズやボ・ディドリーのビートにニューオーリンズ風味も混合。

想い出は霧の中

霧をファズ・ギターで表現した哀愁歌謡。とはいえベース奏者がふたり居たりする妖しいサウンド。多羅尾伴内楽團の「霧の乙女号」と同曲で、「さらばシベリア鉄道」と直結している作品。

クリスマス音頭〜お正月

日本の年末を赤裸々に陽気かつシニカルに描いた大傑作。クレイジー・キャッツとミュージカルぼーいずに触発された曲だという。「お正月」はアメリカのドリフターズへのオマージュ。

1981

5th Album

創意を全力で発動した、
入念でタフな一大傑作。

『ロング・バケイション』

1981年3月21日リリース　ナイアガラ・レーベル

君は天然色

激烈なサウンドによるパワフルなラブソング。幻化した相手を夢想するのだが、高らかでカラフルなアレンジと演奏はワイドスクリーンの映画のよう。大滝の天才性が圧縮された1曲。

Velvet Motel

気持ちが擦れ違ったままのふたりの関係を描いたリズミカルで複雑なポップス。歌唱の一音一音を分解したり、裏声に意表を突かれたり。ラジとの掛け合いに妖しい哀愁がにじんでいる。

カナリア諸島にて

世捨て人の達観したリゾートソングだが、静かに漂うニヒルな感覚を流麗な涼感あふれるメロディーとサウンドが打ち消す。冷静な自己発見に至ったような美しい音世界には多幸感あり。

Pap-Pi-Doo-Bi-Doo-Ba物語

唐突な失恋に悩む男の想いをシンセサイザーをドゥーワップ的に使って描出。セカンド・ライン・ドラミングが軽快に恋の不思議議を伝えている。ドライな空気感は大滝による歌詞の効果。

我が心のピンボール

ファルセットを大胆に披露したミディアムR&R。フレディ・キャノンの曲をデル・シャノンが歌う、という演出。多数のアコースティック・ギターによるコード・ストロークが快感だ。

雨のウェンズデイ

細野晴臣のベースがソウルフルに、鈴木茂のギターが繊細に悲しみを映す。喪失感が細雨となって降ってくるような名作。はっぴいえんどの4人が揃った1曲。静かなグルーヴが都会的。

スピーチ・バルーン

「水彩画の町」の続編的アコースティックなバラード。「パフ」をブレッドの「イフ」風に表現してみたという別れの歌。感情を押し殺したふたりを淡々と描くことで悲哀が濃く伝わってくる。

恋するカレン

大滝版ウォール・オブ・サウンドの代表曲のひとつ。あっさり振られた男の口惜しさを広角と接写の両方のレンズで捉えたようなアレンジが絶妙。言葉とサウンドが心地よく融合している。

FUN × 4

大人数の手拍子が執拗に打ち鳴らされる幸福なラブソング。何曲もの要素を盛り込んだ贅沢な1曲。太田裕美、シャネルズ、五十嵐浩晃が客演した。シンプルなようで技巧を凝らした構成。

さらばシベリア鉄道

男女の手紙のやりとりを寒風吹きすさぶ大地を走る列車のような速度感で雄大に描いた哀愁大作。ジョー・ミークへの敬意あふれる曲調の中、ヨーロピアンなエレキ・ギターが大胆に響く。

1984

6th Album

輝きと密度が増した、
重量級哀歌の到達点。

『イーチ・タイム』

1984年3月21日リリース　ナイアガラ・レーベル

魔法の瞳

コミカルなラブソングで軽いギミックにもやりすぎ感がない。内気な恋心の夢想が綴られているがトキメキが中心なので哀愁もまったくない。ウェットな作品が多い中、貴重なドライ感。

夏のペーパーバック

のちにオープニング・ナンバーとなる曲。アルバム用セッションの最初に録音された。避暑地の出会いをクールに受けとめる主人公の胸騒ぎをチェンバロが代弁。これぞ重量級ポップス。

木の葉のスケッチ

かつての恋人との偶然の出会いに対する複雑な想いを歌った曲。北村英治の素晴らしいクラリネットが気の迷いを爽やかに描き出す。ジャジーな味わいのあるアダルトなポップス。

恋のナックルボール

野球に誘ってはみたものの結局空振り、というほろ苦いラブソング。お馴染みの三三七拍子も重厚に響く。球場全体を表現しているようなワイドレンジなサウンドがユーモラスに響く。

銀色のジェット

飛び去っていく恋人を見送る傷心ソング。「スピーチ・バルーン」空港版。大滝はいつになくしっとりした歌唱で「雨のウェンズデイ」の陰影をさらに濃くしたようなメロディーを歌う。

1969年のドラッグレース

はっぴいえんど結成時の細野晴臣、松本隆、大滝の3人旅がヒントになった曲。ボ・ディドリー・ビートで鈴木茂のギターがパワフルに唸る。"未来は過去になる"の一節が心に刺さる。

ガラス壜の中の船

「水彩画の町」の系譜にある、悲しいわだかまりを描いた曲。言葉の解読にリズミカルなところはあるが、安定した音像でじっくりと歌い込む。井上鑑のストリングス・アレンジが秀逸。

ペパーミント・ブルー

厚いコーラスが天地左右、奥へと広がるサウンドはひとつの完成形を思わせる。メランコリーと清々しさが濃密に溶け合う曲。"水のように透明な心ならいいのに"など名フレーズが続出。

レイクサイド ストーリー

ザ・ロネッツ「You Baby」的なイントロから、捨てられたスケート靴にフォーカスする技もの。メジャーとマイナーが交差し、どこまでも終わらない氷上のエッジ跡のような迷宮的作品だ。

2016

7th Album

秘蔵音源に酔いしれる、
提供曲の元歌集。

『デビュー・アゲン』

2016年3月21日リリース　ナイアガラ・レーベル

熱き心に

小林旭へ提供した、スケールの大きな情を伝える曲。小林の抜けのいい歌声に対し、大滝はふわりとしていながら芯の強さを感じさせる爽快な歌を聴かせている。涙なくしては聴けない。

うれしい予感

渡辺満里奈が『ちびまる子ちゃん』用に歌った曲。大滝は低音の魅力を存分に伝えている。天から人々を見守る大仏のような歌声だ。『ロンバケ』的な弾むようなメロディーと厚いサウンド。

快盗ルビイ

和田誠の歌詞に合わせたSEや断片を細かく入れ込んだサウンドはスクリーン映えを考慮してのものだろう。提供した小泉今日子の可憐さを慈しむ、映画好きの父親を想像させる歌唱だ。

星空のサーカス

ひとり多重録音コーラスの楽しさと技の多彩さが満開の逸品。ドゥーワップ・マニアのベテランならではの安定感。まったく隙のない鋭い仕上がり。脳天直撃のファルセットも強烈だ。

Tシャツに口紅

年を重ねたカップルの不協和音を静かに歌った曲。ドリフターズの「渚のボードウォーク」風。転調を交えるところが大滝流。ラッツ&スターの鈴木雅之とのデュエットを聴きたくなる。

探偵物語

1983年7月24日のライブ用に再編曲された大滝用バージョン。薬師丸ひろ子版にはないハモンド・オルガンがよく響いている。切なさを黙って飲み込んだ大人の心構えを想像させる。

すこしだけ やさしく

こちらも再編曲バージョン。女性用の言葉を一語一語ていねいに歌っている。力の抜き加減が絶妙で、曲がもつメロディーの美しさがむしろよく伝わってくる。軽快で前向きな愛情がある。

夏のリビエラ ～Summer Night in Riviera～

これもライブ用に英語詞をつけたもの。7月だったので"夏の"に変更された。森進一の下から突き上げるような歌唱とは異なり、爽やかな傷心を感じさせる歌声。これもまた心に沁みる。

風立ちぬ

81年12月3日のヘッドフォン・コンサートからの音源。途中照れながら歌っている秘蔵物。大滝は柔軟な歌いまわしでキラキラした演奏に寄り添っている。パーカッションも実に効果的。

夢で逢えたら(Strings Mix)

『Best Always』収録版とは別の、歌とストリングスだけのリミックス・バージョン。大滝のセリフが実にリアルに近くで響き、まるでそこに居るかのよう。本当に夢のような聴き心地。

2020

8th Album

テレビ用の音源を中心に、円熟の歌声を披露。

『Happy Ending』

2020年3月21日リリース　ナイアガラ・レーベル

Niagara Dreaming

女性コーラスと大滝のひとり多重コーラスの共演によるアカペラ作品。美しいファルセットが登場する頃には一気にメロウな気分に。これは21世紀版「おもい」ではないか。お見事!

幸せな結末(Album Ver.)

1997年のドラマ『ラブ ジェネレーション』主題歌をストリングスとボーカルのみのバージョンに。歌い切ったという自信の表れか。これだけ歌があらわなアルバムはこれまでなかった。

ナイアガラ慕情

往年の名ラジオ番組『ポート・ジョッキー』でかけてもぴったりの甘いメロディー。オーケストラと大滝のスキャットのみの流麗な作品。編曲は井上鑑が担当。夜がよく似合う響き。

恋するふたり(Album Ver.)

2003年のドラマ『東京ラブ・シネマ』の主題歌。7インチ・シングル・バージョンを改訂したもの。1960年代アメリカン・ポップスのあれこれを圧縮した作品で、女性版も聴きたくなる。

イスタンブール・マンボ

江利チエミへのオマージュかと思ったら、エンディングで坂本九に寄せるとは。『東京ラブ・シネマ』劇中曲を想定してのスタジオ・ライブ音源。楽しそうに歌う大滝の姿を想像されたし。

Happy Endで始めよう(バカラック Ver.)

「幸せな結末」のカップリング曲。オリジナルとは3番の歌詞が異なるバージョン。"口ずさむバカラック"と歌っている。ドラマ内で一度オンエアされただけの貴重品。要素は多彩だ。

ガラスの入江

81年に松田聖子に提供した曲のインスト版。『ナイアガラ・ソング・ブック』的なオーケストレーションが聴ける。ここでも大滝のさりげないスキャットが楽しめる。ほのかな哀愁が漂う。

Dream Boy

アン・ルイスへの82年提供曲の再演版。「夢で逢えたら」のバリエーションとして生まれた曲であることを示すためか、大滝がスキャットで同曲のメロディーを乗せている。編曲は井上鑑。

ダンスが終わる前に

渡辺満里奈の『Ring-a-Bell』用に佐野元春が96年に提供した曲の大滝版。プロデューサーとしての歌唱指導か。井上鑑のストリングスと大滝の歌のみ。佐野の中のナイアガラ魂が光る。

So Long

市川実和子用か? との想像も浮かぶ未発表曲。作詞は小野小福、作曲は大滝、編曲はChelsea名義の大滝。60年代前半風で、大滝の綿菓子のようなボーカルが楽しめるポップ・チューン。

Happy Ending

「幸せな結末」の交響楽団版。スケールが大きく、どこかジャック・ニッチェを彷彿させる。映画のエンディングロールがよく似合う繊細なオーケストレーションはもちろん井上鑑が担当。

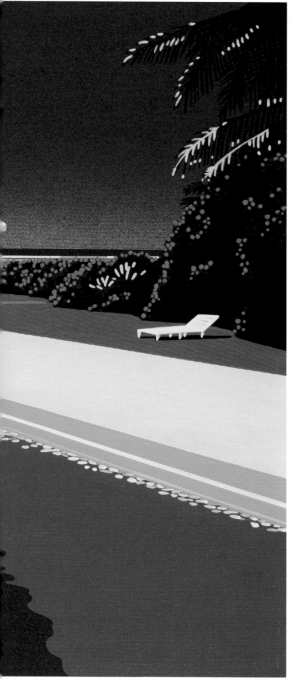

〝永遠の夏〟は、一枚の絵から始まった。

特別寄稿

曽我部恵一

●1971年生まれ。'90年代初頭よりサニーデイ・サービスのヴォーカリスト／ギタリストとして活動を始める。'70年代の日本のフォーク／ロックを'90年代のスタイルで解釈・再構築したまったく新しいサウンドは、聴く者に強烈な印象をあたえた。プロデュース・楽曲提供・映画音楽・CM音楽・執筆・俳優など、形態にとらわれない表現を続ける。

サニーデイ・サービス
『DANCE TO YOU』
ROSE-198
ROSE RECORDS　¥2,750

シティ・ポップについての幻想

誰かがいたような気配。

一枚の絵がある。誰もいない**プールサイド**が描かれている。奥には水平線。上には青空。どちらも濃紺に近いブルー。**白いパラソル**があって、その下には、テーブルとふたつの椅子がある。そこからすこし距離を取って置かれた三組のビーチチェア。それらはどれも真っ白。そしてこの絵の半分以上の面積を占める、この絵の主人公のようにも見えるプール。プールの水面には、手前に存在するであろうよく茂った木が影を落としている。絵の中には、誰もいない。でも誰かがいたような気配を強く感じる。恋人同士がパラソルのもとに座っていたのかもしれないし、この避暑地のプールサイドで偶然出逢った男と女の姿も想像できる。プールに飽きて海のほうへ歩き出す男の遠い背中。佇んでその逞しい後ろ姿を見つめる女。同時に「いや、もしかしたら誰もいないのかも」、とも思う。そもそも誰もいなかったし、誰も戻ってこない。なんらかの理由で、誰もいなくなった世界なのかも、とも。誰もいない世界がもつ幸せな安心感と、登場人物がフレームの外に存在するかのようなざわめき、その両方の感覚をこの絵は運んでくる。この絵を見ているあいだ、ぼくの中では心地よい緊張感がずっと続く。

強い意志を持ってここに。

文字がある。絵からふと目を逸らしたときにそれに気づく。**「A LONG VACATION」**。長い休暇。優雅な夏のバカンスだろうか。しかしなぜか、これは意図せず引き延ばされてしまった休暇なんじゃないだろうか、という想像が心をよぎる。または、当人が終わらせるつもりのないものなのかも、とも。一週間程度の休暇だよ、と周知しておきながら還るつもりはさらさらない、そんなバケーション。なぜそう感じるのだろう。なにも語りかけてはこない絵とその周辺に、ぼくはある感情を読み取る。誰もいない場所に、エクトプラズムのように発生して浮遊し、混ざり合っては霧散する感情。それがぼくに耳打ちする。きみもここに来れば?と。

ここでは、目に映るものはすべて完璧に静止している。まるであらゆるもの（フレーム外のものも含め）が強い意志を持ってここに「とどまろう」としているかのように。永遠というものが実際には存在し得ないとわかった上で、それでもなお、ぼくはこう思ってしまう。この風景はあまりにも**「永遠」**をあらわしている、と。

いつしか、これはレコードのジャケットであると知る。よって、中身は音楽だ。かつてロックンロールと呼ばれた**ポップス**が詰まっている。暴力的なまでに躍動し、センチメントを激しく揺さぶる、そんな音楽だ。その音楽は誕生の頃、うるさくてけたたましく、過度に性的で、良識ある大人たちをひどく動揺させ、多分に困惑させた。

レコードに針を落とす。ロックンロールというサウンドの水面（みなも）に物語りの断片がきらめく。物語りの本筋は、きらめきの背後にある。恋と旅（つまり成長、と言い換えてもよいかもしれない）に関することが大半だが、細部まで物語を理解し聴き取ることはむずかしい。サウンドがあまりにもラウドだし、ことばと音とが一体となったその存在はあまりにも支配的だから。暴力的なまでの猛々しさは、エロティックですらある。考える前に、本能が沸き立つ。筋書きを考える前に、風を感じて

※2021年4月1日号Pen本誌の改稿版です。

しまう。プールサイドの永遠を見つめながら、風を感じている。静と動が同時にある究極の体験。いま、永遠が心の印画紙に確実に転写され、狂おしいまでのときめきをおぼえる。

逃げ込むための永遠。

永遠の夏。**シティポップ**の重要な主題。シティポップはそれしか求めない。欲しがらない。永遠の夏。最高の瞬間を、永久凍結し、保存する。いま、いま、いま。今がすべてなのだ。思い出はモノクロームだ。「今」に最高の色をつけて、そこにピタリとピンで留めよう。時間は残酷で、目を離すとすぐに勝手に進んでいってしまう。ぼくらの時間が、生温かい食べ物の匂いのするようなくだらない「生活」の中へ戻って行かぬよう。フレームに入れよう。飾ろう。ぼくらがいつでも永遠にそこにとどまれるように。

2020年代の住人たちが、**アーリー'80s**の音楽の中に、自分たちにとって必要欠くべからざるエレメントを見つける。それは逃げ込むための永遠である。シェルターとしての絵。逃避的で現実に対する静かな、しかし強い拒否を感じる。堕落ではなく。「お洒落と恋と、車で海沿いのハイウェイを飛ばすこと…それと、お酒。あと、音楽！それ以上に重要なことって、ある？」

ふと、頭をポマードで固めた大昔の反逆児たちの姿が見えた気がした。ロックンロールの時代を闊歩した反逆児たち。

視線を絵に戻すと、さっきのままの風景。白い波を立てる遠い水平線。プールとざわめく木の影。そして誰かがいたような気配。すべてが止まったまま。レコードは、誰かが針を上げないと回り続ける。たとえ音楽が終わったとしても。真っ白いパラソル。ビーチチェア。どちらも真っ白。**永遠の夏**。「で、きみは何処にいるの？」と思った瞬間、絵の中にブリーズが通り抜けた。

大滝詠一の
サウンドの原点。

のちに発見された、創作の源泉を本邦初公開。

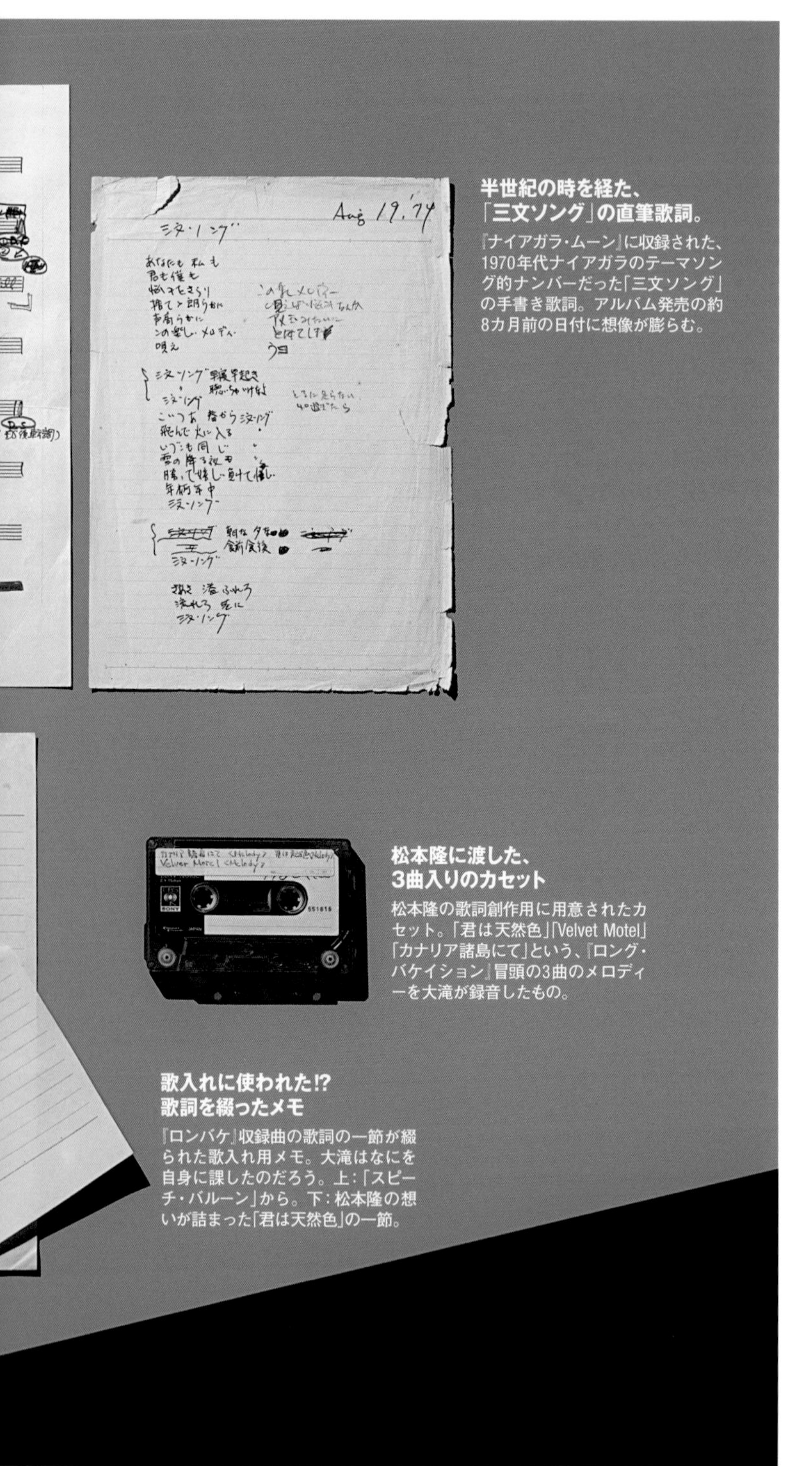

半世紀の時を経た、「三文ソング」の直筆歌詞。

『ナイアガラ・ムーン』に収録された、1970年代ナイアガラのテーマソング的ナンバーだった「三文ソング」の手書き歌詞。アルバム発売の約8カ月前の日付に想像が膨らむ。

松本隆に渡した、3曲入りのカセット

松本隆の歌詞創作用に用意されたカセット。「君は天然色」「Velvet Motel」「カナリア諸島にて」という、『ロング・バケイション』冒頭の3曲のメロディーを大滝が録音したもの。

歌入れに使われた!? 歌詞を綴ったメモ

『ロンバケ』収録曲の歌詞の一節が綴られた歌入れ用メモ。大滝はなにを自身に課したのだろう。上：「スピーチ・バルーン」から。下：松本隆の想いが詰まった「君は天然色」の一節。

手書きのコード譜のシンプルな美しさ。

『ロンバケ』に収録された「Pap-pi-doo-bi-doo-ba物語」の手書きコード譜。アメリカ・ニューオーリンズ独特のセカンド・ラインのリズムをもつ曲を大滝は色分けしながら譜面にした。

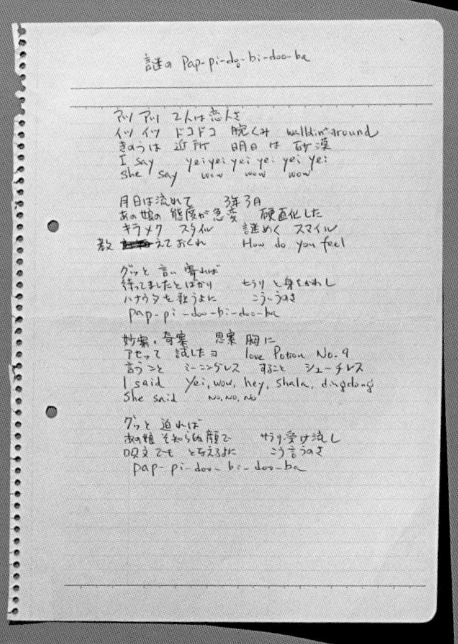

謎の Pap-pi-doo-bi-doo-ba

アツ アツ 2人は恋人さ
イツ イツ ドコドコ 腕くみ walkin' around
きのうは 近所 明日は 砂漠
I say yei yei yei ye yei yei
She say wow wow wow

月日は流れて 3年3月
あの娘の 態度が急変 硬直化した
キラメク スタイル 謎めく スマイル
教えておくれ How do you feel

グッと 言い寄れば
待ってましたとばかり ヒラリと身をかわし
ハナウタを歌うように こう言うのさ
pap-pi-doo-bi-doo-ba

妙案・奇案 思案 胸に
アセって 試したヨ love Potion No. 9
言うこと ミーニングレス すること シューチレス
I said Yei, wow, hey, shala, dingdong
She said No, No, No

グッと 迫れば
あの娘 そ知らぬ顔で サラリ受け流し
呪文でも となえるように こう言うのさ
pap-pi-doo-bi-doo-ba

ノートに記された、手書きの歌詞。

コード譜と同じく、「Pap-pi-doo-bi-doo-ba物語」の手書き歌詞。曲名が「謎のPap-pi-doo-bi-doo-ba」と書かれた点も興味深い。「一言言った その日から」からの歌詞は裏面に。

『ロンバケ』時代を象徴する、タカミネのギター「PT-05E」

大滝が愛用したタカミネのエレクトリック・アコースティック・ギター、PT-05E。1981年12月3日、渋谷公会堂で開催された通称“ヘッドフォン・コンサート”など当時のライブではほぼ毎回使われていた大滝の愛器。アジア・マホガニーのボディーには驚くほどキズがなく、大切に扱われていたことを想像させる。

大滝ミュージックの源流となった、12の原体験。

自作自演曲、プロデュース曲、提供楽曲など、大滝詠一の作品の数々をひとつのファイルにしてシャッフルでプレイしてみる。しばらく聴いていると、これは果たして同一人物の作品なのか、と思えてくる。似た傾向のメロディーやサウンドで、一聴して大滝だ、と瞬時にわかる作品もいくつもあるが、なぜこのような幅の広さ、バラエティ豊かな創作ができたのか。

大滝詠一は1948年7月28日の生まれである。小学校入学が54年（昭和29年）。映画『ゴジラ』が公開された年。テレビ放映が始まった翌年だ。

以前、『ナイアガラ・カレンダー'78』に関してインタビューした時、アルバムの3月の曲「お花見メレンゲ」についてこんなことを言っていた。

「昔、お袋が忘年会の余興で日本舞踊を踊っていた。それは『梅は咲いたか』だった。藤本二三吉のコロムビアのレコードをかけて。それで練習するからって、俺は蓄音機を回す役。〝梅は……〟って終わるとひっくり返して今度は『梅にも春』って。だから『梅は咲いたか』と『梅にも春』はガキの時にびっしりこびりついているのよ」

「お花見メレンゲ」は、片岡千恵蔵の遠山金四郎に柳家金語楼をかけたり、森繁久彌ネタが入っていたり、全体の空気が落語の『長屋の花見』であったりする。大滝は大の落語好きで、幼少期に唱歌や童謡、歌謡曲で育ち、邦画に親しんでいたこともよく知られている。映画に関してはその後、恐ろしく深くマ

エルヴィス・プレスリー

ロックンロールの王様が与えた、
大滝の歌唱スタイルへの影響。

大滝がエルヴィス・プレスリーに傾倒したのは中学生の時。歌だけでなく、彼の主演映画から振り付けも覚え、歌って踊れるようになっていたという。ソリッドでハードな曲から切ないバラード、ゴスペルまで、エルヴィスの歌唱表現の広さに大滝は大いに惹かれた。エルヴィスのCDボックス『エルヴィス―フロム・ナッシュビル・トゥ・メンフィス〜ジ・エッセンシャル60's マスターズⅠ』に10万字を超えるライナーノーツを寄稿したほど、大滝はエルヴィスを研究した。

ブルースを歌える白人青年として、米南部ローカルから一気に世界にロックンロールを知らしめる存在となった大スター、エルヴィス。

photo: Album/AFLO

2 60s女性ボーカル

1960年代ポップスの豊かさを象徴する、百花繚乱の歌姫たちに魅了されて。

コニー・フランシスを入り口に大滝は60年代のさまざまな女性ボーカルを聴き込んでいった。シェリー・フェブレー、レスリー・ゴーア、ジョニー・ソマーズ。彼女たちは可憐なだけではなく、それぞれがバックボーンを活かして活動していた。はつらつとした愛らしさ——大滝のツボはそこだったのではないか。作品の背景には多くの若きコンポーザーたちの活躍があった。60年代ポップスの豊かさがここには象徴的に表れている。大滝が聴き続けたゆえんだろう。

日本でも人気者だったコニー・フランシス。彼女の「カラーに口紅」との出合いが大滝をポップス少年にしたといっても過言ではない。

©Alamy/amanaimages

ニア化したわけだが。

小学5年（59年）の夏休み、遊びに行った親戚の家に、電蓄とともにコニー・フランシスのシングル盤「カラーに口紅」があった。大滝少年の前に、アメリカン・ポップスの扉が初めて開いた瞬間だった。

中学生になるとお小遣いでレコードを買い集めるようになり、ラジオでポップス漬けの日々を送るようになる。また、ポップスを追い続ける一方、61年には「スーダラ節」からクレイジー・キャッツの大ファンとなり、62年にはエルヴィス・プレスリーに本格的に熱中していく。

前述の「お花見メレンゲ」のルーツはこのへんに見出せる。お花見という和様な習俗をラテン・ビートで描く。それは、アメリカン・ポップスとクレイジー・キャッツを同時に同様に愛好できる者には不思議なことではない。クレイジーの音楽は恐ろしく間口が広い。それを大滝少年は直感的に理解したのだ。ア

フィル・スペクター

“ウォール・オブ・サウンド”で、音楽史に輝く異才プロデューサー

フィル・スペクターとの出合いは、彼がプロデュースしたザ・ロネッツ「ビー・マイ・ベイビー」だろう。大滝は72年5月、「スペクター・サウンドの継承を研究したい」と内田裕也との対談で語った。ジョージ・ハリスン「マイ・スウィート・ロード」のヒットでスペクターを“再発見”した大滝は、その後70年代を通じて“音の壁”と呼ばれる彼のサウンドの研究を続けた。そのサウンドの秘密を解き明かすことが大滝自身のサウンドを確立すると考えたのだ。

60年代ポップスのサウンド・モデルを生み出したスペクター。影響はザ・ローリング・ストーンズからシューゲイザー勢にまでおよぶ。

4 60sソングライター

大量のヒット・ポップスを生産した、ザ・ビートルズ以前の職業作曲家たち。

キャロル・キング&ジェリー・ゴフィン、バリー・マン&シンシア・ウェイル、ニール・セダカ、さらに御大ジェリー・リーバー&マイク・ストーラー。50年代末から60年代前半にかけて、ポップスの市場は若者に門戸を開き、セールスを拡大。大量の楽曲の供給が必要となっていた。そのために実に数多くのコンポーザーが世に登場した。大滝は14歳からポップスを作家で聴く研究を始めていた。それが後年の作家活動に大きな影響を及ぼしている。

キャロル・キング(左)とジェリー・ゴフィンの初々しい姿。キングは58年に歌手デビューし、シンガー・ソングライターとしても成功。

メリカン・ポップス研究とクレイジー支持とが自然に成り立ったとも考えられる。

クレイジー作品は、世相を描くにあたりジャズをさまざまに解体した。民謡のラテン化はそのメニューの中にかねてより入っている。日本においては戦前、20年代からの伝統でもある。試しにクレイジーの先輩格の「あきれたぼういず」を聴いてみてほしい。実は日本のポップスと歌謡曲はそうやって、身近な音楽と外国曲とを大胆に融合したり、強引な解釈を加えたりして生まれ、生まれ変わってきた。

大滝はそのことを自説の『分母分子論』や『普動説』で説いた。海外ポップスとクレイジー・キャッツを並列で聴いた少年時代にその原点はあるのだ。エルヴィス・プレスリーと植木等こそが、大滝の中の二本柱だった。

そうこうするうちにザ・ビートルズに出合う。高校1年生だった大滝は衝撃を受ける。ここからアメリカン・ポップスに加えて、当時でいうリバプール・サウンド、つまりブリティッシュ・ポップスの比重が増していく。大滝は以前『ロング・バケイション』がアメリカン・ポップス中心の中学生時代、『イーチ・タイム』がブリティッシュ的な要素の多い高校生時代の感覚である、との発言をしていた。

高校卒業後、上京し、曲づくりに興味をもち研究するようになる大滝。音楽聴取の幅はさらに広がっていった。

42年ほど前、大滝から「毎日寝る前にニルソンの『空中バレー』を聴いていた時期があった」という発言を聞いたことがある。それははっぴいえんど結成の頃のことだったという。

72年7月29日、文化放送放出のシングル盤セールに遭遇する。60年代ポップスのオリジナル盤が1枚10円で大量に売られていた。大滝はそこにあった盤のほとんどを購入した。

さらに同年秋、はっぴいえんどのレコーディングでアメリカ西海岸を訪れ、ここでも大

©Alamy/amanaimages

キング&ゴフィン作のヒット「ウィル・ユー・ラヴ・ミー・トゥモロウ」をもつシュレルズ。

5 ガールズ・グループ

60年代を席巻した、女性コーラス隊のパワーポップ

60年代に世界的ブームを迎えたのが、日本のアイドル界にも通じるガールズ・ポップス。大滝が好んで聴いていたのも納得の、バラエティ豊かな楽曲の数々。これもまた60sソングライターたちの実験の場だった。シフォンズ、シュレルズ、スペクター一派のザ・ロネッツやクリスタルズ、モータウンのシュープリームスなどの精鋭隊がしのぎを削った。

6 50s〜60s 男性ボーカル

メロウからハードまで、味わい深い個性派揃い。

50年代から60年代は、ロックンローラーからクルーナーまで、さまざまな歌手が輩出された時代だった。ロイ・オービソン、ジーン・ピットニー、ボビー・ダーリン、デル・シャノン、フレディ・キャノン、バディ・ホリーと、大滝は広範に聴き込んでいった。彼の歌唱の深みは多くの男性ボーカリストへのリスペクトによって醸成された。

ブルース・スプリングスティーンからボブ・ディランまで、多くのアーティストが敬愛するロイ・オービソン。

photo: Shutterstock/AFLO

7 ドゥーワップ／R&B

©Everett Collection/amanaimages

声とビートが大滝を虜にし、深掘りを促した刺激の宝庫。

大滝作品におけるドゥーワップからの影響はとても大きいものだった。ポリリズミックに展開されるコーラス・ワークは、リズム・アレンジの妙技と絡み合って作品展開をより複雑に深化させた。サム・クックの繊細で艶やかな歌声、リトル・リチャードのダイナミックな音楽性など、R&Bからの影響も大滝作品には顕著だった。

アトランティック・レコードで数々のヒットを生んだドリフターズ。名ソリストも輩出。

滝は大量のアルバムやシングル盤を買い込んだ。帰国後、それら大量の盤をチャート本と照らし合わせ深く聴き込んでいった。

なぜそこまで大量のレコードと向き合い、聴き込むのか。大滝は気になることに出合うと、その奥や構造を知りたくてしかたがなくなる体質なのだ。その対象によるが、ひとつのテーマを納得がいくまで掘り下げるのに最低3年はかかる。しかし、音楽は簡単に納得できるものではなかった。

「エルヴィス・プレスリー登場からの15年（55年から69年頃まで）をずっと。そのエリアに限り、毎度毎度、何度も検証していくっていうようなかたち。結局、体験が基本だから」

2011年のインタビュー（『レコード・コレクターズ』11年4月号）で大滝はこのように答えていた。ルーツ探求も、楽曲制作も、すべては〝体験〟の検証だったのだ。

ひとつの曲から、歌い手、作家、プロデューサー、出版社、録音にまつわる事実、レー

8 サーフィン／ホットロッド／エレキ・インスト

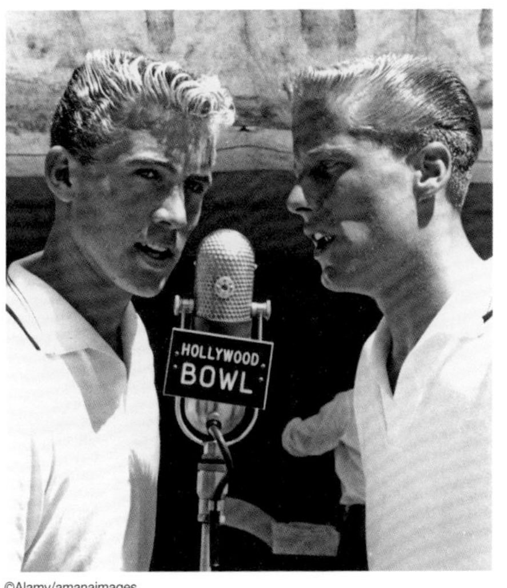

©Alamy/amanaimages

爽快なハーモニーと、革新のギター・プレイが光る。

ジャン&ディーンやビーチ・ボーイズに代表される、60年代前半のカリフォルニアの空気を楽天的に反映したサーフィン／ホットロッド・ミュージックはR&R、R&Bの発展型でもあった。変化に富んだコーラス・ワーク、ワイルドなギター・プレイの数々を大滝は大いに好んだ。日常的娯楽をおもにエレキ・ギターで音楽化したこと、その革新性は重要だ。

ビーチ・ボーイズ以上に大滝への影響が色濃いジャン&ディーン。声質、歌唱にも共通項が。

9 ブリティッシュ・ポップス／リバプール・サウンド

世界を一変させた、“ビートルズ・ショック”と英国サウンド

63年に発表された「抱きしめたい」は世界を変えた。ザ・ビートルズは全世界のロック魂を呼び覚ましたのだ。大滝もバンド活動に目覚める（ドラムスとボーカルを担当）。後続のデイヴ・クラーク・ファイヴ、サーチャーズ、ホリーズらイギリス勢の曲づくりや、ひと味違うカバーのセンスも大滝に少なからぬ影響を及ぼしている。

UKスター、クリフ・リチャードの歌を支え、バックを務めるシャドウズのサウンドが絶妙。

©Alamy/amanaimages

10 ソフトロック

華麗なハーモニーと爽やかなサウンド、巧みな曲構成に共感。

68年頃に隆盛を極めたソフトロックを大滝は“爽やかサウンド”と呼び、自身のラジオ番組で何度も特集した。ビー・ジーズのファンクラブに入っていた大滝は、アソシエイション、ザ・サークル、パレード、イノセンス、ハーパース・ビザールなど幅広く研究。大滝作品のメロディーラインと共通するエッセンスが、彼らの曲に散見される。

大滝がファンクラブに入っていた頃のビー・ジーズ。エレガントなポップスが彼らの意匠。

photo: Photoshot/AFLO

ベル事情、その影響関係、セールス・データ、社会状況など、さまざまな因果を探り出していく。ひとつの検証は蜘蛛の巣状に広がっていく。大滝は検証に精力を傾けていた。彼のラジオ『ポップス伝』がアメリカからイギリスに向かう準備中、この世を去ったのは本当に残念だった。

ひとつの事象にはそれぞれに前史がある。突然出現したように見えることや人にも背景は必ずある。前史には限りなくさらなる前史がある。ルーツ検証にゴールはない。大滝の教えとはそういうものだと、いま、強く思う。「迷った時には墓参り」。この大滝の言葉をかみしめたい。

11 ニューオーリンズR&B

大らかなファンクに学んだ、刻むリズムとセカンドライン

R&Bとラテンを混合し、シンコペーションが当たり前の独自のビートを生んだニューオーリンズR&Bの特殊性は大滝に多大な影響を及ぼした。きっかけはジョニー・リバースとなんといってもドクター・ジョン。ミーターズ、アラン・トゥーサンの作品群、ファッツ・ドミノやヒューイ・ピアノ・スミス周辺へと聴き込んでいった。

50〜60年代のニューオーリンズR&Bを代表するヒットメーカー、ファッツ・ドミノ。「来日公演を2日続けて観た」と大滝。

photo: AP/AFLO

12 日本のポップス

クレイジー・キャッツから、日本歌謡史の研究へ。

三橋美智也や春日八郎、小林旭、石原裕次郎を愛唱し、クレイジー・キャッツに心酔した大滝は、歌謡史の研究へ向かう。筒美京平を早くから評価し、服部良一、三木鶏郎、万城目正、米山正夫らの作家研究に励む一方、明治以降の日本の音楽を“ポップス”として解読し直した。ラジオの『日本ポップス伝』パート1&2は必聴。

小林旭と並んで大滝の心を捉えた、ハナ肇とクレイジー・キャッツ。音楽ギャグは唯一無二だ。

写真提供:渡辺プロダクション

残された言葉に見る、こだわりのエッセンス

いままであんまり言われたことないんだよね。
はっぴいえんどの違和感の根源のひとつは
譜割だったんだけど、
あまり言及されてない気がする。
で、その譜割が完成したのが
(はっぴいえんどの)「抱きしめたい」でね。
それで育ったやつらに話をしても
なんにも面白くないなあ(笑)。
"とても 素早くと びおりるので"だよ。
"びおりるので"、なんでそれが変じゃないんだよ。

――2010年2月9日

はっぴいえんどによる、日本語ロックについて。「はっぴいえんどは"異物"であり"妙な譜割だからこそ面白い"と感じたのですが、『邪道な感性であることをちゃんと認識しておけよ』と改めて言われた気がしました。王道を知るからこそできる実験、それが大滝作品の肝なんです」(湯浅)

なんせ、脱歌謡曲で始めた日本語のロックだから。
歌謡曲じゃないものをやろうと思ってやってきたわけだから、
それで照れもあるから隠してるけれども。
〝霧が流れる　夜の街角〟なんてそれまで歌ったことないわけ。
でも、歌えるんだよね。
フランク永井とか歌謡曲を死ぬほど聴いてきてたから。
俺は、自分がエルヴィス・プレスリーやジョン・レノンやバリー・ギブの
影響を歌唱法で受けたとは思ってるよ、まねもしたからね。
別に橋幸夫とか西郷輝彦や舟木一夫、
ディック・ミネに影響を受けたとはみじんも思ってないわけ。
でも、なんでかな、歌うと出てる(笑)。にじみ出るんだね。
そういうもんなんだね、文化の深さっていうのは。
意図的にまねたとかいうことはみんな語るじゃない?
でも影響とかっていうのは単なる形而上的なものではなく、
ものすごく深いものを背後に抱えてるなと
「幸せな結末」をやった後に思った。歌えなかったからね、最初(笑)。
虚心坦懐にまっさらな気持ちで歌ったんだけどね。
そうしたらこの「思い出は霧の中」のときにやってたのが、
図らずも自分の中の歌謡体質……自分で知ってたが故に
隠蔽してたというほど強い。

――2008年2月8日

『ナイアガラ・カレンダー』に関するインタビューより。「オリジナル78年盤では、12の違ったタイプの曲を歌う中で、自身の歌謡曲体質を再発見した、と。歌手・大滝の奥深さを再認識する発言。日本のポップスの歴史を研究した者だからこその、実験精神と伝統への敬意を感じました」(湯浅)

この前聴いてたらふっと、エルヴィス・プレスリーを
日本語にしたらどうなるかっていうことで
やったんじゃないかっていう気がしたのよ。
「オール・シュック・アップ」を聴いてたらね。
“have the girl that I love so fine,
when she touched my ...”って
あそこで切れるのって変でしょ?
“touched my ...hand what a chill ...”って。

——エルヴィスはそういうの多いですね(笑)。

多いでしょ。 結局、それだったんだよ、大滝式譜割は。
そういうエルヴィスの自由闊達な
言葉の操り方みたいなものを自分で日本語でやったと。
エルヴィスは日本語で歌ったことないからね(笑)。

——2010年2月9日

日本語ロックを確立した、自身の歌詞の譜割に対する影響について。「この発言を聞き、“これは案外言われてこなかったことでは?”と思いました。エルヴィスの影響の強さと深さについて考えさせられる発言です。エルヴィスの唱法が自分の作風に影響を与えていたという自己分析がさすがですね」(湯浅)

CMは俺の音楽の実験場だった。

——2005年2月18日、3月17日

三ツ矢サイダーのCM曲を初制作した1973年当時を振り返り。「CMソング集『ナイアガラCMスペシャル』は、大滝さんの全音楽エッセンスが凝縮された必聴盤。70年代にCMであれだけ濃厚な音楽をつくった人はまれ。『Cider '73』をテレビで初めて聴いた日の衝撃が蘇る発言でした」(湯浅)

人的なヒストリカルなものと
音楽的なものとの合わせ技だから。
楽曲だけ聴いて元はこれだろう、
とか言っても正解にたどり着かないんですよ、
ナイアガラの場合は。
すべて複合的にできてるのでね。

——2005年2月18日

たとえば「恋はメレンゲ」が、南米のリズムのメレンゲにチロル民謡が入っている点などを挙げつつ、「ただのアダプトではないところにナイアガラ色がある」とも発言。「"合わせ技"といっても二重や三重の理解ではまだまだで、音楽を文化や習俗からも考察することの大切さを教えられた気がしました」(湯浅)

（シュガー・ベイブの）『SONGS』のミックスとかは
和気藹々とやってましたよ、みんなで。
連日、夜中から朝まで。ナチュラル・ハイですよ。
最後の「SUGAR」のいかれたミックスとかはよく、
しらふであんなことやったと思うんだよね（笑）。
あれは夜中から明け方だから。
“夜明けハイ”って我々は呼んでましたよ（笑）。
まあ若さの産物じゃないですかね。
非常に混沌とした。いまだから言えるんだけど、
うらやましい状況ですよね。
混沌の中でやるのがいちばんいいような気がするなあ。
わかったら面白くないんじゃないかな。ロックはみんなね。
混沌とした状況でやってたのが
楽しかったような気がするね。

――2005年11月21日

ナイアガラ・レーベル第1弾として、大滝がプロデュースした歴史的名盤について。「この発言からもシュガー・ベイブの重要性がわかりますね。大滝さんもプロデュースしていて楽しかったんだと思います。“和気藹々とした混沌”こそがナイアガラの創作の原動力だったと再認識する発言です」（湯浅）

『ゴー！ゴー！ナイアガラ』のラジオに関してはなにひとつ
反省する材料はないね。ラジオは常に定期的にやったからね。
例のナイアガラ（レーベル）構想が始まって、
スタジオがあって、スタジオからレコードを出して、
放送を続けるっていう三位一体のスタイルでやったんだけども、
やっぱりこの時期にいちばん自信をもって言えるのは
ラジオ放送を延々と続けたこと。
実はラジオ放送のほうが核だったと。
自分としてはそうだったんだけれども、リスナーの層が、
ラジオ関東ということとテーマ性がコアだったから。
だいたい世界中に、アルドン～スクリーン・ジェムズの
スタッフ・ライターの特集から始めるラジオなんてのは
まずあり得ないことだったもんね。
それでヒット・ポップスの研究っていうことから始めて、
その結論が『ロング・バケイション』になってるんですよ。

――2006年8月20日

ラジオが充実していた76年頃を振り返り。「大滝さんのラジオ番組は、リスナーがコアにならざるを得ないワークショップのようなプログラムの番組でした。毎週エアチェックして繰り返し聴いていたリスナーとしては、感慨深い発言です。大滝さんの人生全体が音楽作品だったと痛感します」（湯浅）

専門家も唸る、『ロンバケ』リマスターの変遷。

柿崎景二 Keiji Kakizaki
尚美学園大学 芸術情報学部 情報表現学科 准教授

●1967年、長野県生まれ。91年、ソニー・ミュージックエンタテインメントに入社。テクニカル・エンジニアとしてMiniDiscやSACDの制作システム導入、高音質機材開発に従事。2010年に教員を目指して独立。非常勤講師を経て、17年に専任講師、22年より現職に就く。わかりやすい授業に定評がある。

当初アナログ盤として世に出た、大滝詠一の『ロング・バケイション』は、発売から1年半が過ぎた1982年10月1日に、邦楽CD第1号としてCD化がなされた。その後もほぼ10年単位でリマスター盤が再発され、2021年3月21日には『ロング・バケイション40周年盤』がリリースされた。

これだけ長く再発が繰り返されるアルバムも稀有だが、そこには大滝の音への強いこだわりがあった。具体的には最初にCD化された時の音への不満が発端で、それ以後、幾度となくマスタリングを繰り返してきたのだ。

その『ロンバケ』20周年盤と30周年盤の制作に関わったのが、当時CBS・ソニーの信濃町スタジオで、スタジオ独自の機材開発やメンテナンスをするセクションに所属し、テ

手にした私の試作機が、技術と感性の架け橋に。

柿崎と大滝との縁を結んだ、デジタルフォーマットコンバーターの試作機「DFC-SAS1」(右)。製品版を大滝が購入し、現在は形見分けで山下達郎が所有している。20周年盤で活躍した「DAC-2000」の試作機(左)とともに。

クニカル・エンジニアとして活躍していた柿崎景二。彼が手がけた機材のひとつに、コンピューター上で波形を見ながらマスタリングを行う機材の黎明期に、その音質をプロの使用に堪えられるようにした、デジタルフォーマットコンバーターDFC-SAS1と呼ばれる機材がある。

いまでこそ当たり前となったコンピューター上での音の編集作業だが、90年代はまだ試行錯誤の時期。コンピューターはノイズの発生源にもなるが、そのノイズをどのように音響機材と切り離すかという課題にトライし、開発された機材である。そのDFC-SAS1の試作機こそ、大滝と柿崎が深く関わるきっかけだった。

「大滝さんは信濃町スタジオにあった我々のセクションをよくのぞきに来られており、そのうち私の開発した機材に興味をもたれ、質問をされるようになりました。その頃、大滝さんもPC上で音楽をたくさんアーカイブさ

れていて、『これをもっといい音で聴けないものか』と相談を受けたので、私の試作機をお貸ししたら、とても気に入ってくださったんです」

『ロンバケ』が最初にCD化された際、大滝は音の不満をマスタリング・エンジニアに伝え、すぐにやり直しをしたという。この時、まだ柿崎は関わっていない。しかし、大滝本人から聞いたエピソードを話してくれた。

「もとのCDは全体に音が小さく、硬質な印象でした。それで1回目のリマスタリングでは全体の音量を大きくしたのですが、今度は音が大きすぎてところどころひずんで聴こえるので、再度やり直してちょうどいい音量にしたそうです。実のところ『これが世界初のCDリマスタリングかな』と大滝さんは仰っていましたね」

音量に関する最大のポイントは、調整が大きすぎるとひずみ、小さすぎるとノイズが目立ってしまうこと。単にボリュームを上げれば解決することではないため、同じ品番でも実は2度もマスタリングをし直したという。

次に発表した91年盤では、全体にふくよかなサウンドになり、いま聴いてもそれほど悪くない音だと柿崎は言う。そして柿崎が初めて関わった20周年盤は2001年に発売。現在でもCMなどで使われるのは、この20周年盤の音だそうだ。

『ロンバケ』20周年盤で、大滝詠一が実際に使用したDAコンバーター「DAC-2000」の基板。すべて柿崎がハンドメイドでつくりあげたものだ。

「『ロング・バケイション』の収録曲は、90年代からCMやドラマで使用されるようになりましたが、当時、派手で大きな音の楽曲が増えていた中で、大滝さんの曲になるとグッと音量が下がってしまうのがご本人は悔しかったようです。各楽器の細かい音までクリアに聴こえ、なおかつ全体の音量を上げたいと思っていらした。そこで私が開発したDAコンバーター（デジタルをアナログに変換する機材）のDAC-2000の試作機をお聴かせしたら、『これだ！』となったんです。『君は天然色』の冒頭で、みんながチューニングしている音も全員の声も聴き取れた、と喜んでくださいました。細かい音を埋もれさせずに拾うことがこの機材の開発ポイントでしたから、私もうれしかったですね。30周年盤では、よりアナログに回帰した、耳にふわっとくるような音にしたいということで、その時も当時私がつくっていたAD/DAコンバーターを使っていただきました。結果、30周年盤はアナログっぽい自然な音になっています」

柿崎は大滝との交流の中で、大滝の音に対するこだわりや現状の音への不満を常に聞いていた。その語り口は感覚的だが、まだ技術的な裏付けがない段階で「この音はどうして、こうなるのか」と疑問をぶつけてくる。

「大滝さんの疑問の裏には、必ずその原因や理由があるんです。それは後から判明することが多く、大滝さんが先に正解を感覚で仰って、こちらが答え合わせをするようなカタチですね。とても鋭い感覚をお持ちでした。大滝さんはアナログ時代のマスターテープの音が常に頭にあって、それが『ロング・バケイション』の理想形と考えていた。そのため、自分の頭の中で鳴っているオリジナルの音をCDで再現するために、各時代のいちばんいいと思われる技術を使い、リマスター盤を発表してきたんです。その結果、各年代のリマスター盤は、どれもその時代の音づくりの基準となる、時代を象徴する音になっています。そうなった理由は、もとの音源で密度の高い音づくりをされていたからではないでしょうか。広いスタジオに腕利きのミュージシャンを集めて同時に演奏させるので、録音の時点で音に厚みが出るんです。結果、年代を感じさせない音源が生まれたのだと思います」

２０２１年に発売された40周年盤をひと足早く聴いたという柿崎に、その音はどんな風に響いたのだろうか。

「今回のリマスター盤は、かなり大滝さんの理想の音に近づいたのではないでしょうか。20周年盤の音圧感と30周年盤のアナログっぽい手触りが共存した、いままでになく優しい音でした。大滝さんがご存命でしたら、きっと喜ばれたと思います」

名盤40周年を記念して、全音楽記録媒体で登場。

CD4枚組とBlu-ray、アナログ2枚組、カセットテープと、現時点で流通する全音楽記録媒体を収録する豪華盤。DISC-1は新たなマスターテープからリマスターされた『ロンバケ40周年盤』。DISC-2は大滝のDJによる『ロンバケ』誕生秘話を収録した60分強におよぶ音声コンテンツ。DISC-3はアルバム録音時のセッションテープで、ダビング前の音源、大滝の仮歌などが聴ける貴重音源。DISC-4は店頭演奏用プロモ・カセットに未発表カラオケ＆ライブ音源など初蔵出しが多数。Blu-rayには『ロンバケ』全曲を5.1chサラウンド音源とハイレゾ音源で収録。

『A LONG VACATION VOX』

ソニー・ミュージックレーベルズ
¥25,300

テレビが伝えた、ナイアガラ・サウンドの魅力。

1970年代、大滝詠一という音楽家の存在、そして魅力を広くお茶の間に知らしめたのは、テレビから流れるCMソングだった。

当時まだ、はっぴいえんどの一員だった大滝は72年11月にソロ・アルバム『大瀧詠一』を発表。翌73年1月に福生に引っ越したタイミングで、CM制作会社「ONアソシエイツ」のプロデューサー、大森昭男から「三ツ矢サイダー」のCMソングの依頼を受ける。大森は「ウララカ」(『大瀧詠一』収録)に魅せられ、大滝に電話。その日から大滝のCM作家としての活動が始まった。

大森同様、日本のCM音楽の創始者でもある三木鶏郎門下の作詞家・伊藤アキラとのコンビによる「Cider'73」をはじめとする連作は、CMに出演した秋吉久美子や風吹ジュンらの可憐さとの相乗効果もあり、一気に若者たちのハートをつかむ。

73年9月21日、はっぴいえんどのラスト・ライブは4人による久しぶりのバンド演奏をメインに、それぞれのソロ活動の「顔見せ」的なイベントでもあった。そこで大滝は、自身のコーナーで音楽を手がけた「サイダー」、資生堂「アシアシ」、ブルボン「ココナッツ・コーン」のCM動画をステージ上のスクリーンで上映し、拍手喝采を浴びる。

『ナイアガラCMスペシャルVol.1』の裏ジャケットから、CMを手がけた三ツ矢サイダーなどの商品や宣伝ポスターに囲まれる大滝。「裏仕事」をポジティブに扱い、「表仕事」に昇華させた。天才の処世術。

CMソングこそ、名曲誕生の実験室だった。

73年、74年と大滝はソロ・アルバムを発表することなく、多くの時間をCMソングづくりに没頭。きわめて高い匿名性があってこそ成立する多作ぶりで、ロックとはまた異なる意味で自由度も高い音楽づくりに励む。75年の『ナイアガラ・ムーン』にはじまるナイアガラ・レーベルでの諸作から『ロング・バケイション』に至るまで、CMソング制作は続き、その一つひとつの実験や遊びが「表舞台」の創造に大きく反映していくことになる。その証拠が前代未聞の企画盤『ナイアガラCMスペシャル』に記録されている。

81年3月21日にシングルで発売された「君は天然色」は発売時、松坂慶子がヨットに乗るロート製薬「新V・ロート」のCMソングとして使用された。今日に至るまで、キリンの「生茶」、アサヒビール、スズキ「アルトエコ」、サントリー「金麦」、ダイハツ「ムーヴ」(藤原さくらによるカバー)など、企業、業種を超えて何度も使われてきた。

「君は天然色」に続くシングル「カナリア諸島にて」も同じロート製薬のCMを通じて、アルバム『ロング・バケイション』のロングラン・ヒットに貢献した。これ以降は、70年代のCM作家時代とは正反対に、「大滝詠一の名前を出さないわけにはいかない」という時代が訪れる。佐野元春、杉真理とのナイアガラ・トライアングルによる「A面で恋をして」も81年に資生堂CMに起用されたものの、出演したタレントの不祥事で放映は1週間でお蔵入り。にもかかわらず、「A面～」は最高位14位のヒットを記録した。

COMMERCIAL SONG

niagara
CM Special Vol.1 3rd Issue
STEREO/ MONO SRCL 5007

©THE NIAGARA ENTERPRISES

©THE NIAGARA ENTERPRISES

「ナイアガラCMスペシャル Vol. 1」（左）
「ナイアガラCMスペシャル Vol. 2」（右）

CM曲だけを集めた編集盤。『Vol.1』は1977年、『Vol.2』は82年発表。「Pap-pi-doo-bi-doo-ba物語」の元ネタ「大きいのが好き」（デビュー前のEPOとシャネルズによる未発表曲）ほか、あの曲、この曲に結びつくヒントの宝庫。究極の「記録より記憶」だ。

80年代以降は本人が歌うものだけでなく、プロデュース作や作・編曲を手がけたCMソングが目立ってくる。グリコ「ポッキー」の松田聖子「風立ちぬ」（81年）、サントリー「冬のギフト」の森進一「冬のリヴィエラ」（82年）、AGF「マキシム」の小林旭「熱き心に」（85年）など名曲揃いだ。

CM以外では人気バラエティ番組『オレたちひょうきん族』から生まれたビートきよし、島田洋八、松本竜介から成る、うなずきトリオの「うなずきマーチ」（82年）、『わくわく動物ランド』エンディング曲の薬師丸ひろ子「すこしだけやさしく」（83年）。さらに、アニメ『ちびまる子ちゃん』オープニング曲の渡辺満里奈「うれしい予感」（95年）と、同番組エンディング曲の植木等「針切じいさんのロケン・ロール」など、お茶の間にナイアガラ・サウンドが拡散された。

ドラマ制作者の期待に話題の主題歌で応えた。

97年11月12日に発売されたシングル「幸せな結末」は「月9」の愛称で知られたフジテレビのドラマ・シリーズの1作『ラブ ジェネレーション』の主題歌としてつくられた。作詞家の多幸福は大滝と永山耕三ディレクターによる共同ペンネーム。同じく木村拓哉が主演した(共演は山口智子)月9ドラマ『ロングバケーション』の演出も手がけていた永山ははっぴいえんどのファンで、彼の提案による〝HAPPY END〟を直訳した「幸せな結末」という曲名を大滝が面白がって採用した。

85年の「フィヨルドの少女／バチェラー・ガール」以来12年ぶりのシングルとなった「幸せな結末」は、最高位2位、97万枚のセールスを記録した。

HAPPY ENDを和訳したタイトルといい、『ロング・バケイション』以降の大滝サウンドの集大成ともいえる音像といい、作家としての記名性がとても高い作品である。極め付きは、バラエティ番組『LOVE LOVEあいしてる』(97年12月13日放送回)で松たか子がこの曲を歌った時、大滝が伴奏のミキシングとBGV(バック・グラウンド・ボーカル)を担当したこと。大滝流のテレビとの関わりを象徴するエピソードといえる。

2003年5月21日にリリースされた6年ぶりのシングル「恋するふたり」は、同じく月9ドラマ『東京ラブ・シネマ』の主題歌として制作された。前作と同じく、多幸福の作詞による。「幸せな結末」と「恋するふたり」はそれぞれ、中山泰がアートワークを手がけたCMが放映され、大滝の新曲に焦がれ続け

TV DRAMA
THEME SONG

©THE NIAGARA ENTERPRISES

©THE NIAGARA ENTERPRISES

「幸せな結末」（左）
「恋するふたり」（右）

大滝が12年ぶりに発表し話題を集めた「幸せな結末」と『東京ラブ・シネマ』主題歌の「恋するふたり」は、ともに『ロング・バケイション』の流れをくむ曲。「メロディータイプの大滝サウンドを」との期待に、しっかりと応えてみせた名曲。いきなりスタンダードに。

写真提供：フジテレビ

平均視聴率30.8%を記録した『ラブジェネレーション』。主演の木村拓哉と松たか子が、若者の愛を熱く演じた。キムタクの物まねネタ「ちょ待てよ」は本作から。主題歌となった「幸せな結末」も話題に。

たファンを喜ばせた。

20年の映画『私をくいとめて』（大九明子監督作）の中で主演、のんが「君は天然色」を再生する時に、歌詞の言葉がカラフルに実体化して宙を舞う、という演出がある。1973年、バラエティ番組『スター誕生！』でサイダーのCMの鮮烈なイメージに出逢った記憶を呼び起こせば、それも決して大げさな表現ではないと思う。

大滝詠一はテレビを使って、ポップという概念を、その言葉を使うことなく教えてくれた。

ソロ作限定でセレクト！ 私の好きなベスト3

©フルフォード 海

綿矢りさ Risa Wataya

小説家

●1984年、京都府生まれ。2001年『インストール』で文藝賞を受賞、作家デビュー。早稲田大学在学中の03年『蹴りたい背中』で、第25回野間文芸新人賞候補、翌年、第130回芥川賞を受賞した。他の著書に『かわいそうだね?』『ひらいて』『夢を与える』『勝手にふるえてろ』『私をくいとめて』『オーラの発表会』『嫌いなら呼ぶなよ』などがある。

ナイーブさを感じる、音と詞の世界に浸りたい。

ソロとしてのファースト・アルバム『大滝詠一』を通して、彼の音楽と出合った綿矢りさ。ある時、レンタルショップで借りたアルバムに収録されていた「それはぼくぢゃないよ」を聴いて、すごく好きになったという。

「大滝さんの曲に漂う傷つきやすそうなナイーブさが入り交じった雰囲気が心地よくて惹かれます。仕事中にBGMとして聴くのですが、気づいたら仕事を放り出して、歌詞カードを見ながら聴いて、曲の世界に浸っています」

耳から取り込まれた音の波は、やがて意識を優しく包み込みながら、頭の中に広がる別の世界へと誘う。だから、大滝詠一が紡ぐ音楽を聴きたくなる時が、誰にだってあるのだ。

「疲れている時、あと、現実とは違う場所へ行きたい時に聴くと、自然とリラックスすることができるんです」

MY BEST 3

1「カナリア諸島にて」 『ロング・バケイション』収録

2「君は天然色」 『ロング・バケイション』収録

3「幸せな結末」 『Happy Ending』収録

２０１７年に発表された綿矢の著書『私をくいとめて』には大滝の曲が印象的に登場する。

本作の主人公は、おひとりさまの暮らしに慣れた32歳の黒田みつ子。脳内にいる相談役「A」と会話すること以外は、いたって普通。イタリアに向かう空飛ぶ鉄の塊という、非日常空間に身を置く自分を落ち着かせるため、「A」に促されて『ロング・バケイション』を聴く。「我が心のピンボール」に始まり「カナリア諸島にて」「君は天然色」とシャッフル再生を想像させる曲順は、動揺するみつ子の心情を表しているようで面白い。

「このアルバムを聴いていると、行ったこともない理想の楽園について強烈に書きたくなります」

綿矢の言葉を聞けば、物語の中に歌詞を綴った理由も納得。そして、そんな美しい曲が、彼女のベストソングの上位を占める。1位は、作中で「溶けた熱いバターで、うすくひきのばした夏が、コルクの蓋のガラス瓶に永遠に閉じ込めてあるような音楽」と表現した「カナリア諸島にて」である。

「南国の楽園の時が止まったようなリラックスタイムの雰囲気を味わうことができます。この歌の世界へ呼ばれる、体感型の曲」。続く「君は天然色」はまさに「搾りたての初夏、青春そのものの鮮やかな音色」を奏でる名曲。『私をくいとめて』が２０２０年映画化された際、劇中歌として新たに５・１chサラウンドにミックスされた。約40分のアルバムは「もっと聴きたいと思っているうちにすぐ終わってしまう。何度聴いても指の間からキラキラすり抜けていって、耳が追いかけ続けるんです」。

まぶしいほどに爽やかな2曲に対して、愛する人とのこれからを思い描く大人の1曲を最後に挙げた。「『幸せな結末』は、ゆったりと優しい、熟成した色気を感じます」

横山 剣（クレイジーケンバンド） Ken Yokoyama

ミュージシャン

●1960年、神奈川県生まれ。97年に地元横浜本牧にてクレイジーケンバンドを発足。98年にアルバム『PUNCH!PUNCH!PUNCH!』をリリース。横山剣を中心にロック、ソウル、ファンク、歌謡曲などを織り交ぜた雑食性のあるサウンドを展開。結成25周年の2022年はアルバム『樹影』をリリース、2023年はデビュー25周年のアニヴァーサリーイヤー。

脳内にエフェクトがかかる、マジックのような音。

中高生の頃に眠気を押して聴き入っていた、大滝詠一がパーソナリティを務めるラジオ関東の音楽番組『ゴー！ゴー！ナイアガラ』。これが、横山剣にとって大滝ワールドの原体験だ。

「深夜の放送が終わると『あれは幻だったんだろうか？』と思うぐらい夢うつつの状態になっていて。大滝さんの声を聴くと、甘美な妄想楽園のような世界に包まれるんです。それが大滝さんの曲に惹かれる理由かもしれない」

そんな、幻のようで不思議な存在の大滝に触れたエピソードを一つ披露。大滝らしいこだわりや信念に裏打ちされた世界観が伝わってくる。

「ある日、一緒に歩いていた音楽評論家の湯浅学さんのもとに、巨大なキャデラックがスーッと近づいてきて、運転しているサングラスの男性が話し始めて。後で尋ねたらその人が大滝さんでした。彼がキャデラックに乗っているのは音響がいいから、という理由にシビれて、僕もまねしてすぐにキャデラックを買ったんですよ！」

いつの時代も渾々と湧き続ける大滝の魅力。それはまさに、はっきりと捉えることが

MY BEST 3

1「Cider '73 '74 '75」『ナイアガラ・ムーン』収録

2「雨のウェンズデイ」『ロング・バケイション』収録

3「クリスマス音頭〜お正月」『ナイアガラ・カレンダー'78』収録

できないが、感性に直接訴えかけるサウンドや世界観によるものに違いない。横山は「自分の脳内にエフェクトがかかる、音響的なマジックのような感じ」と表現する。

「僕の中で真っ先に頭に浮かぶのが、ナイアガラ・フォーリン・スターズの『レッツ・オンド・アゲン』。〝あの世感〟と言いますか、得体の知れない電波がビリビリビリーッときて、こんな音を発生させる大滝さんってやっぱり福生の宇宙人だ!って思ったわけです」

しかし、今回取り上げる曲はソロ限定。横山が近い感覚を得られる曲として、「この曲があったじゃないか!」とひらめいたのが、3位に選んだ「クリスマス音頭」だという。

続いて2位は、音の魔術師=大滝詠一と言葉の魔術師=松本隆が組むことで生まれる奇跡を体現した「雨のウェンズデイ」をセレクト。聴くと「素晴らしすぎて胸をかき乱される」と語る。

「1番の歌詞『wow wow Wednesday』を歌い終えた後のバート・バカラックの『Walk On By』的アレンジや、2、3番の『Wednesday』の『day』に差しかかるメロディーとコードの関係性に、受け止め切れないぐらいの窒息感がある」

そして第1位は、1973年の三ツ矢サイダーのCMに使われた「Cider '73 '74 '75」。横山が「CM音楽をつくりたい」と思うキッカケになった曲。

「『サイダーのように爽やかに』のナレーションの直前に入る『サイダー サイダー』というコーラスとメロディーから放射されるサイダーの泡のような爽やかさが、呼吸さえままならないほどキラキラした夏感を爆発させています」

たくさんの想い出をもつ横山が、大滝ソングを聴きたくなる時は——。

「ドライブ中が最高ですね! 特に、福生方面に行く時、脳内エフェクトを感じる。毎年、クレイジーケンバンドのツアーを福生の市民会館から始めていたので、そのたびにカーステで大滝さんの曲に浸ってましたよ」

オカモトコウキ（OKAMOTO'S）

Koki Okamoto

ミュージシャン

●1990年生まれ、東京都出身。中学在学時、同級生とともに現在のOKAMOTO'Sの原型となるバンドを結成。2010年、OKAMOTO'SのギタリストとしてCDデビュー。2019年10月に初のソロアルバム「GIRL」をリリース。2023年1月、初のメンバーコラボレーションアルバム「Flowers」をリリース。ソロとしてもバンドとしても、活躍の幅を広げている。

MY BEST 3

1「幸せな結末」 『Happy Ending』収録

2「びんぼう」 『大瀧詠一』収録

3「Bachelor Girl」 『イーチ・タイム』30周年記念盤 収録

ポップスの到達点である「幸せな結末」は、100年後も愛される。

「なによりもそのカルト的な音楽へのこだわりと、その向こうに見え隠れする少しの正直さ」。大滝作品の魅力をそう表現するのは、オカモトコウキ。自らもミュージシャンであるからこそ、畏敬の念をもって楽曲を語る。

「1位に挙げた『幸せな結末』は完璧な一曲。サウンドも歌詞も時代を超越しているので、100年後の人が聴いてもいい曲だと感じるはず。自分が音楽をつくる時は『名曲の定義は聴く人と時代によってころころ変わるからね〜』なんて、出来上がった曲の完成度に対してたまに言い訳したくなりますが、この曲を聴くと、本当にスミマセン！という気持ちになります」

また直球な名曲と合わせ、変化球的ソングでも大滝の懐の深さを知ったとか。「『幸せな結末』がメロディアスなポップソングの到達点ならば、演奏面で魅了する『びんぼう』も名曲。離れ芸のような鈴木茂さんのギターに、ジェームズ・ブラウン顔負けのファンキーな歌唱。これが日本で1972年にリリースされた音源なんだから参ります。曲づくり中にもっと完璧さを目指す時は『ロング・バケイション』や『イーチ・タイム』を、遊び心を入れたい時は『ナイアガラ・カレンダー'78』を聴き直します」

水原佑果

Yuka Mizuhara

モデル、DJ

●1994年、兵庫県生まれ。2016年よりテイトウワ率いるイベント「RECORDS」のミュージックセレクター としてDJをスタート。現在は、ロンドンのラジオ局NTSで自身の番組『GROOVY DOOBIE DO!』をもち、毎月MIXを配信。国内外でのDJ、モデル活動のほかブランド兼プロダクション「OK」にて楽曲制作、デザインの考案など多岐にわたり活躍。

MY BEST 3

1「指切り」 『大瀧詠一』収録

2「朝寝坊」 『大瀧詠一』収録

3「FUN×4」 『ロング・バケイション』収録

アメリカン・ポップスと日本語詞の融合が、別次元への扉を開く。

はっぴいえんどやシュガー・ベイブを聴いて大滝詠一の存在を知ったという水原佑果は、大滝のことを“ワン・アンド・オンリーなソウルミュージシャン”と評する。その理由は——。

「アメリカン・ポップスやロックをカッコよく取り入れながら、日本語の歌詞をリズミカルに使い、ユーモアのあふれた世界観を表現しているところに惹かれます。楽曲を聴くたびに、さまざまな魅力が浮かび上がってくるんです」

そんな奥行きのある音楽の世界にひとたび触れると、ここではない、また別の時間と空間に連れていかれる。水原が挙げるマイベストを聴いて、それこそが大きな魅力なのだと気づく。

「印象的なリズムにボイス・パーカッションが乗る『指切り』は、グルーヴィーでクール！『朝寝坊』は、とてもかわいらしい歌詞の表現。そして口笛の音やメロディーで、何度聴いても夢心地な気分になって気持ちいい♪ この楽曲を作詞した大滝さんはもしかしたら夢の世界が好きなのかな？と思ってしまいます」

また、『ロング・バケイション』は大滝作品で最初にゲットした想い出深いアルバム。「ビーチ・ボーイズの香りが漂う『FUN×4』は常にハッピーな気分にさせてくれます」

光石研

Ken Mitsuishi

俳優

●1961年、福岡県出身。高校在学中に映画『博多っ子純情』のオーディションを受け、主演に抜擢される。以後、様々な役柄を演じ、名バイプレイヤーとして活躍。また、Penのオリジナルドラマ「光石研の東京古着日和」をYoutubeチャンネルで配信中。

MY BEST 3

1「Cider '73'74'75」 『ナイアガラ・ムーン』収録

2「いつも夢中」 『ナイアガラ・ムーン』収録

3「楽しい夜更し」 『ナイアガラ・ムーン』収録

『ナイアガラ・ムーン』収録曲が、僕の音楽のルーツです。

自身の音楽的嗜好の基盤が『ナイアガラ・ムーン』に詰まっていると語る光石研。時は、唯一無二の俳優への出発点となる19歳に遡る。

「このアルバムは、俳優になる決意をして上京した1980年頃にLPで買いました。10代後半からクールス、山下達郎、シャネルズのファンになり、ドゥーワップ、R&B、ソウル、そしてファンクに移り変わっていきました。なので、収録している『福生ストラット(パートⅡ)』→『シャックリ・ママさん』→『楽しい夜更し』→『いつも夢中』→『Cider '73'74'75』の一連の並びは、まさに僕の音楽ルーツそのもの。大滝さんを知ったきっかけは、シャネルズがアルバム『レッツ・オンド・アゲン』に参加していたから、自然の流れですね。夏休みに地元の九州・八幡のやきとり屋で稼いだバイト代で手に入れたレコードプレーヤーにのせ、将来を夢見て移り住んだ四畳半の下宿でヘビロテしていました」

それから約40年が経ち、夢は現実に。想い出の曲たちは酒のおともとなった。

「音楽を聴くシチュエーションでいちばん多いのは自宅でお酒を飲む夜の時間。聴きたくなる曲はその時々で違うのですが、和モノの周期がありまして、その時、大滝さんは外せません!」

カジヒデキ

Hideki Kaji

シンガー・ソングライター

●1967年、千葉県生まれ。96年ソロ・デビュー。2008年には映画『デトロイト・メタル・シティ』の音楽を担当し、主題歌「甘い恋人」がスマッシュヒットする。また、DJイベント「BLUE BOYS CLUB」の主宰、渋谷のラジオでのレギュラー・パーソナリティ、音楽フェス「PEANUTS CAMP」のキュレーションなど、音楽の紹介者としても幅広く活躍中。

MY BEST 3

1「FUN×4」 『ロング・バケイション』収録

2「君は天然色」 『ロング・バケイション』収録

3「Blue Valentine's Day」 『ナイアガラ・カレンダー'78』収録

音楽制作の原動力は、大滝さんの名曲を超えたいという気持ち。

大滝詠一の楽曲が日本の音楽史を変えた1970年代から80年代、時を同じくして、カジヒデキもまた多大な影響を受けたという。

「大滝さんの曲を通して、邦楽洋楽のさまざまな音楽を知り、60年代のポップスやロック、ドゥーワップなどが好きになりました。同時に、アルバムのアートワークや松本隆さんも参加している歌詞から、当時のアメリカのライフスタイルやポップアートに強い興味をもちました」

その時のインパクトは、のちの自身の活動につながるかけがえのない原動力になったよう。

「『Blue Valentine's Day』は、『ロング・バケイション』という巨大な金字塔につながるプロトタイプ的な曲のひとつ。こういう切なくて雰囲気のある曲がつくりたくてできた曲が、僕のデビューアルバムに収録した『ブルー』。そして『君は天然色』というエポックメイキングな曲が、80年代以降の時代をビビッドに色づかせ、『FUN×4』の遊び心にあふれたアメリカン・ポップスやアメリカン・グラフィティ的な歌詞で、お洒落の最先端を表現したと思います。特に『ロング・バケイション』は、常に自分にとっての指標。このアルバムを超えたいという気持ちで音楽制作をしてきた感じがします」

かせきさいだぁ
Kasekicider
アーティスト

●1968年、静岡県生まれ。95年にファースト・アルバム『かせきさいだぁ』をリリースする。最新作は、2017年に発表したアルバム『ONIGIRI UNIVERSITY』。漫画家や小説家としての顔をもち、現在はアートの分野まで活動を広げ、さまざまな作品を発表。ソラミミスト安齋肇とのアートユニット「アンザイさいだぁ」でも活躍している。

MY BEST 3

1「乱れ髪」　『大瀧詠一』収録

2「ナイアガラ・ムーン」　『ナイアガラ・ムーン』収録

3「雨のウェンズデイ」　『ロング・バケイション』収録

曲と詞が激しく絡み合う「乱れ髪」に、名曲のすごみを見る。

「はっぴいえんどとティン・パン・アレーは、私たちの世代にとって特別な存在で、大滝さんはもはや神でしょう。高校生だった頃は、どこでも彼のアルバムが流れていましたね」

のちに、はっぴいえんどの楽曲をサンプリングして、我流ヒップホップを独走したかせきさいだぁは、大滝作品の本質を、音と言葉が起こす美しい化学反応だと洞察する。

「最大の魅力は、自身がつくるメロディーに、私の師匠である松本隆さんの詞を100%のせてみせる才能と、その相性の完璧さ。歌の本質というのは、作曲家と作詞家のあり得ない融合の面白さですから。『雨のウェンズデイ』は大滝さんのメロディー・アレンジが雨の日のジメッとモニョッとした感じなど最高に表現されていて、さらに雨と松本さんの歌詞の相性が抜群。YMO以前の細野晴臣さんの“トロピカル三部作”の1曲のような『ナイアガラ・ムーン』は細野さんの1975年の『トロピカル・ダンディー』と発売がほぼ同時で、ムムムと感じるものがあります。大滝さんのメロディーと師匠の詞がシンプルながらとんでもなく絡み合う『乱れ髪』もヤバい。詞に後からメロディーをつけたと思われる、すごみを感じる名曲です」

吉澤嘉代子
Kayoko Yoshizawa
シンガー・ソングライター

●1990年6月4日生まれ。魔女修行育ち。作詞作曲歌唱の他、楽曲提供なども手掛ける。https://yoshizawakayoko.com

MY BEST 3

1「おもい」 『大瀧詠一』収録

2「さらばシベリア鉄道」 『ロング・バケイション』収録

3「夢で逢えたら」 『デビュー・アゲン』収録

楽曲からにじみ出る、豊かな愛とユーモアに憧れて。

吉澤嘉代子はあるひと言をきっかけに突如、大滝詠一の音楽と出合うことになる。

「私を見つけてくれた音楽ディレクターの方が、私の旋律に大滝詠一を感じると言ってくださったことを機に聴くようになりました。大滝さんの楽曲は、出合った時から懐かしくて新しい、時間が経っても色褪せない存在。音づくりの多幸感や豊かな歌声が大好きで、曲にちりばめられた純度の高い歌詞にうっとりします」

大滝の曲と詞が語りかける愛や想いを受け止め、吉澤は自身の作品に昇華している。

「『夢で逢えたら』は、愛おしいもの、もう逢えないものに対して、夢で逢えたらと願う。これほどささやかで強い気持ちはありません。20歳の頃に同じメッセージを込めて、『夢で会えたってしょうがないでしょう』という歌詞を書きました。松本隆さんとの共作でいちばん好きな『さらばシベリア鉄道』を聴くと、音楽への愛とユーモアを感じて胸がキュッとなります。オマージュとして、雪国を舞台にした『屋根裏』をつくりました。不動の1位は『おもい』。半音ずつ動くコード進行が、刻一刻と染まる夕暮れを穏やかに切り取ります。多重録音への憧れが芽生えて、『野暮』という曲で挑戦しました」

大和田俊之
Toshiyuki Owada

アメリカ文学・ポピュラー音楽研究者

●1970年、神奈川県生まれ。慶應義塾大学教授。『アメリカ音楽史』(講談社)で第33回サントリー学芸賞(芸術・文学部門)受賞。その他、『アメリカ音楽の新しい地図』(筑摩書房)、長谷川町蔵との共著『文化系のためのヒップホップ入門1、2、3』(アルテスパブリッシング)を手がけ、『BRUTUS』誌の特集「山下達郎のBrutus Songbook」の解説を担当。

MY BEST 3

1「君は天然色」 『ロング・バケイション』収録

2「Cider '73'74'75」 『ナイアガラ・ムーン』収録

3「ハンド・クラッピング・ルンバ」 『ナイアガラ・ムーン』収録

緻密につくられた曲は、日本の音楽史をひも解くための研究書。

ポピュラー音楽研究という領域に身を置く大和田俊之は、その研究における視点や方法論の多くを大滝詠一に学んだと語る。

「楽曲の分析に関するアイデアや手法を求めている時に、歴史的にも音楽的にも精密に設計された大滝さんの曲を聴きます。私にとっては、研究書を読む感覚に近いんです」

珠玉のポップスは時代を経てもなお、己の感性と日本の音楽の現在地を測る基準点となる。

「『ハンド・クラッピング・ルンバ』は、アメリカのポップスに内在するリズムを緻密に因数分解し組み立て直した『ナイアガラ・ムーン』の中で、特に好きな曲。同じアルバムにある『Cider '73'74'75』には、大滝さんが1973年に初めてCM音楽を手がけたという、日本のポピュラー音楽史における重要性とその批判精神が凝縮されています。『君は天然色』は、冒頭のピアノのチューニングのA音で既に胸が高鳴り、Bメロのパーカッシブなスラップベースと乱れ飛ぶエフェクトに陶酔。そして怒涛の大サビに耽溺するのです。以前は洋楽の受容の文脈で大滝さんの業績を捉えていましたが、最近は民謡、流行歌、歌謡曲など、日本の音楽史に位置づけるべき存在だと考えています」

MOODMAN

DJ、クリエイティブ・ディレクター

●1970年、東京下町生まれ。80年代末からDJとして活動。並行して広告業に従事する。近年はライヴストリーミングスタジオ＜DOMMUNE＞にて『MOODOMMUNE』を不定期配信。PEN onlineにて「アナろぐフィールドワーク」を不定期連載。町工場レーベル「INDUSTRIAL JP」主催。『光石研の東京古着日和』の音楽監督など。

MY BEST 3

1「おもい」　『大瀧詠一』収録

2「朝寝坊」　『大瀧詠一』収録

3「楽しい夜更し」　『ナイアガラ・ムーン』収録

30年のDJ人生には、常に新鮮な大滝DNAが脈々と流れている。

MOODMANは、大滝詠一の曲を聴くたびに、音楽の面白さ、奥深さに気づかされるという。実は自身の名前の誕生にも大滝が関わっている。「『多羅尾伴内團』や『レッツ・オンド・アゲン』を聴いて刷り込まれたエキゾティックな感覚は、僕がムード音楽を好きになり、MOODMANと名のるに至ったきっかけのひとつと言えそうです。DJと並行して広告の仕事をするようになったのも、大滝さんで知ったノベルティソングの影響が大きいです」

人生を方向づけた大滝という存在。聴くたびに「いまだにフレッシュに感じる」という3曲は、DJとしてのライフスタイルに沿ったものだ。「マイベスト3は、夜遊びのワクワクが詰まった『楽しい夜更かし』、クラブ明けの日曜に聴きたくなる『朝寝坊』。この2曲に『それはぼくぢゃないよ』をプラスしたら、週末の定番BGMです。1位に選んだ『おもい』は僕が初めて針を落とした大滝さんの曲です。橙色の空に出会うと今もこの曲が浮かび、動けなくなります。あと、影響として大きいのは、クレイジー・キャッツなど過去音源のアーカイブ化を含む、大滝さんのコミックソング仕事の系譜です。リアルタイムで聴いて衝撃だったのは、うなずきトリオの『うなずきマーチ』ですね」

プロデューサー
大滝詠一の魅力。

松田聖子 インタビュー

松田聖子が今語る、幻のコラボ曲への想い。

1980年代の幕開けとともに現れたスター、松田聖子。その天性の歌声を大滝詠一がプロデュースし、81年に発表されたアルバムが『風立ちぬ』だ。聖子の軌跡をたどる上でも、ナイアガラサウンドをひも解く意味でも、外せない不朽の名盤として愛されている。

「大滝さんに初めてお会いしたのは、私がデビューして2年目。まだまだなにもわからない頃でした」と、彼女は当時の印象を想い返す。

「大滝さんは大人で、大きな存在。私はただただ緊張していた記憶がありますが、穏やかで優しい方でした」

「チェリーブラッサム」「夏の扉」「白いパラソル」と続いた、恋にトキメク少女をはつらつと表現する3曲を経て、大滝によるシングル「風立ちぬ」はしっとり歌い上げる曲調。恋人との別れを経験して少し大人びた少女の心情を、重層的なサウンドで描く。

「大滝さんのメロディーを歌うのはとても難しくて苦労しました。レコーディングの最中にメロディーが変わることも多く、そのたびに大滝さんはスタジオのグランドピアノを弾いてくださり、私はピアノの脇に立ち、新しいメロディーを必死に覚えました」

同年に『ロング・バケイション』を制作した大滝は、アルバム『風立ちぬ』のA面5曲をプロデュースする際、自身の作品と対になるよう曲を書いた。なかでも「いちご畑でつかまえて」は、『ロング・バケイション』収録

『風立ちぬ』
1981年

同名のシングルを収録する、4thアルバム。A面5曲を大滝が手がけ、松本隆が全曲を作詞。鈴木茂も参加し、はっぴいえんどの系譜としても語られる。財津和夫、杉真理なども曲づくりに名を連ねた。

の「FUN×4」と同じテンポとキー、同じメンバーで演奏。難解なコードと予測不能なメロディーを、彼女は持ち前のセンスで見事に歌い、一度聴いたら忘れられない名曲に仕上がっている。

「この曲にはクシュンとくしゃみの音が入っていますが、それを録るのが恥ずかしくて。レコーディングが難しかったのを覚えています」

互いのアルバムの曲がシンメトリーに呼応するという大滝の仕掛けには、続きのサプライズがあった。81年12月のラジオ「ニューミュージック・フォーラム」で一度だけ流れた「いちご畑でFUN×4」。これは、彼が遊び心で2曲を編集してつないだ曲だが、それが答えであったかのように、聖子ワールドと大滝節がぴたりと符合している。この音源の存在を知った聖子は、完成度の高さに感銘を受け、2020年、40周年記念盤に収録。幻のデュエットが時を経て、初めてCD化された

 ※本インタビューは2021年4月掲載時より一部変更しております。

できることならもっと前に音源を聴かせていただき、直接お礼をお伝えしたかったです。

のだ。

「大滝さんがこの曲をつくってくださっていたことに、とても驚きましたが、本当にうれしかったです。できることならもっと前に音源を聴かせていただき、直接お礼をお伝えしたかったです。とてもかわいい曲で、大滝さんに素晴らしいプレゼントをいただいた気がして幸せです」

『風立ちぬ』と対をなす『ロング・バケイション』も2021年に40周年。ともに一時代を築いたこの作品に、彼女はどんな想いを抱くのだろう。

「当時の私にはまったく手の届かない、お洒

落な大人の世界のアルバムでした。でも、私も大人になり、きっとあの頃とは違う聴こえ方で、違う景色が見えるでしょう。今度はその世界の中に、私も立たせてもらえることができたらいいなと想います」

松田聖子
Seiko Matsuda
歌手

●福岡県生まれ。デビュー以来40以上の音楽賞を受賞、シングルチャート24曲連続1位という記録をもつ。近年では、「第57回 日本レコード大賞 最優秀歌唱賞」「第59回日本レコード大賞 企画賞」「第32回日本ゴールドディスク大賞 ジャズ・アルバム・オブ・ザ・イヤー」「第62回日本レコード大賞 特別賞」等を受賞。2021年には、監督、脚本、音楽を務めたHBO Asia“The Day the Wind Blew”(邦題：「あの風が吹いた日」)が、第34回東京国際映画祭で上映され、全米他、世界配信されている。

interview with

Seiko Matsuda

『Seiko Matsuda 2020』

UPCH-20551
ユニバーサル ミュージック
¥3,300

デビュー40周年記念アルバム。全編日本語の「SWEET MEMORIES〜甘い記憶〜」や「赤いスイートピー」の英語バージョン、「瑠璃色の地球 2020」「風に向かう一輪の花」ほか全10曲収録。「いちご畑でFUN×4」はCDにのみ収録されている。

提供曲、プロデュース作品を一挙に紹介！

女性シンガー編

甘酸っぱく響く、ナイアガラ・ガール・ポップの宝庫。

大滝詠一が女性シンガーへ提供した楽曲には、甘酸っぱいメロディーをもつドリーミーな名曲が多い。ことに「夢で逢えたら」は数多くカバーされ、いまや日本のポップスのスタンダードのひとつに数えられる曲。他にも、山口百恵「哀愁のコニーアイランド」、渡辺満里奈「うれしい予感」などにナイアガラ・メロディーが歌い継がれた。

写真提供：ソニー・ミュージックダイレクト

須藤 薫

「あなただけI LOVE YOU」

シングル盤

大滝が作詞・作曲・編曲を手がけ、弦アレンジを松任谷正隆が担当した、80年発表のスイートなガール・ポップ。ニュー・ホリデー・ガールズに提供するも不採用となった「愛は行方不明」の詞とアレンジを変更して生まれた。

©ユニバーサル ミュージック

薬師丸ひろ子

「探偵物語」

シングル盤

83年発表の薬師丸の同名主演映画の主題歌。作詞は松本隆、編曲は井上鑑。当初は「海のスケッチ」のタイトルでシングルB面用に書かれた。しっとり仄暗い美メロで、大滝は「雨のウェンズデイ」の姉妹曲に位置づけていた。

写真提供：THE NIAGARA ENTERPRISES

市川実和子

「ポップスター」

シングル盤

モデルとしてカリスマ的な人気を呼んでいた市川実和子の歌手デビュー曲。98年に発表され、大滝がプロデュースも担当した。ギターが軽快なロックンロールで、かまやつひろし「お先にどうぞ」の女性版といった趣がある。

写真提供：URCレコード

金延幸子

「空はふきげん」

『み空』収録曲

1972年、金延のファースト・アルバムに収録された、大滝詠一にとって最初の楽曲提供作。金延のギターと中川イサトのスライド・ギターのみで演奏されるシンプルなナンバーで、大滝メロディーの原石の魅力が堪能できる。

写真提供：ソニー・ミュージックダイレクト

太田裕美

「さらばシベリア鉄道」

シングル盤

『ロンバケ』用につくられた曲だが、松本隆が書いた歌詞中の男女の会話スタイルを見た大滝が、松本が手がけた太田裕美「木綿のハンカチーフ」と同じ形式のため彼女での歌唱を提案。大滝版より先にこちらが世に出た。

©ビクターエンタテインメント

アン・ルイス

「ドリーム・ボーイ」

『チークII』収録曲

82年のカバー・アルバム『チークII』に収録されたナンバーで、もともと彼女に提供予定だった「夢で逢えたら」と同じコード進行による別メロでつくられている。「夢で逢えたら」も「DREAMS」のタイトルで英語詞カバー。

写真提供：ソニー・ミュージックダイレクト

吉田美奈子

「夢で逢えたら」

『FLAPPER』収録曲

アン・ルイスに提供する予定だったが、76年、吉田美奈子が最初の歌唱者となった。ティン・パン・アレーの演奏、山下達郎の弦アレンジでフィル・スペクターばりの音壁サウンドを構築。カバーの多さでも群を抜く名曲。

写真提供：ソニー・ミュージックダイレクト

太田裕美

「恋のハーフムーン」

シングル盤

「さらばシベリア鉄道」に続き、松本＝大滝コンビでつくられ、81年3月に発売。「さらば〜」は萩田光雄の編曲だが本作は大滝自身が編曲を手がけた。のちの『イーチ・タイム』を予見するような、分厚くゴージャスな音づくり。

©ビクターエンタテインメント

小泉今日子

「快盗ルビイ」

シングル盤

88年に公開された小泉主演の同名映画の主題歌で、作詞は同作の監督でもあるイラストレーターの和田誠。小泉のキュートなボーカルを活かした爽やかな曲調に、服部克久が映画音楽のごとく豪華な管弦アレンジを施した。

男性シンガー&グループ編

男のダンディズムが表現された、珠玉のナンバー揃い。

大滝詠一が楽曲提供した男性歌手は、沢田研二、西城秀樹、森進一、小林旭などいずれも男臭いシンガーばかり。「冬のリヴィエラ」に「熱き心に」と、その歌手の代表作となる決定版をつくり、歌謡曲ファンにも大滝の才能を知らしめることとなったのはさすがだ。グループではやはりコーラスワークを重視した、明るく楽しいナンバーが揃う。

©キングレコード

新井 満

「消防署の火事」

『マンダーランド』収録曲

広告代理店勤務の兼業シンガー・ソングライターだった新井満の78年作に収録。作詞は新井、編曲が萩田光雄で、新井の人を食ったようなユーモラスな詞に、カントリー風の楽曲で応えた不条理感満載のコミカルな1作。

写真提供：THE NIAGARA ENTERPRISES

西城秀樹

「スポーツ・ガール」

『ポップンガール・ヒデキ』収録曲

西城秀樹が81年にリリースしたアルバムの1曲で、作詞は松本隆、編曲に鈴木茂と、細野を除く、はっぴいえんどのメンバーが集結。モータウン調のポップな楽曲で、西城の歌い方も抑えめの軽いスタイルとなっている。

©ユニバーサル ミュージック

小林 旭

「熱き心に」

シングル盤

大のアキラ・ファンだった大滝が念願かなって作曲。阿久悠が壮大な男のロマンを描いた、スケールの大きな名作。小林は前田憲男の弦アレンジによる雄大なイントロを聴き、“ジョン・ウェインの世界だ”と感動したという。

©ユニバーサル ミュージック

かまやつひろし

「お先にどうぞ」

『あゝ、我が良き友よ』収録曲

大ヒット「我が良き友よ」をフィーチャーした1975年作のアルバムに収録。本人が「お囃子ポップス」と呼んだ賑やかなロックンロールで、演奏陣は細野晴臣、鈴木茂ら。コーラスは山下達郎、吉田美奈子に加え大滝も参加。

画像提供：ポニーキャニオン

スラップスティック

「海辺のジュリエット」

『スラップスティックに気をつけろ』収録曲

古谷徹、三ツ矢雄二ら、人気男性声優5人が結成したグループの79年発表の2作目のアルバムに収録。大滝は作曲のみだが、そのメロウな曲調は「恋するカレン」の原曲となった。大滝は彼らのために通算5曲を作曲している。

©ビクターエンタテインメント

森 進一

「冬のリヴィエラ」

シングル盤

CMディレクター川崎徹のオファーで実現した組み合わせ。森進一のルーツであるルイ・アームストロング風の楽曲を書こうと試みるも挫折、松本隆の詞に沿った温もりあるメロディーが誕生。結果、森進一の代表作となる。

©ユニバーサル ミュージック

沢田研二

「あの娘に御用心」

『いくつかの場面』収録曲

75年発表のアルバムに収録された軽快なロックンロール・ナンバーで、ティン・パン・アレーの演奏に山下達郎＆大滝のコーラス。誤ってリハーサル・テイクのボーカルでミックスをしたため、シングル化が見送られた。

写真提供：THE NIAGARA ENTERPRISES

西田敏行

「ロンリー・ティーン・エイジ・アイドル」

『風に抱かれて』収録曲

人気俳優・西田敏行が80年に発表したアルバムの中の1曲。大滝がアメリカの俳優兼シンガー、リッキー・ネルソンを思い描きつつ書いた曲で、編曲も大滝自身が手がけた。

©ソニー・ミュージックレーベルズ

ラッツ&スター

「Tシャツに口紅」

シングル盤

シャネルズ時代から交流のあるラッツ&スターへの提供曲で、B面「星空のサーカス」も含め大滝が作曲とプロデュースを手がけた。ベン・E・キング「スタンド・バイ・ミー」を意識したミディアムのセクシーなナンバー。

60sカバーから、驚異のサウンド・コラージュまで。

大滝詠一が編曲&プロデュースを手がけた楽曲は、はっぴいえんど時代のかねのぶさちこに始まり、コミカルなものから、オールディーズ・マナーにのっとったノスタルジックかつ正攻法のアメリカン・ポップスまで実に多彩。カバー作品にも新しい色を加え、編曲だけの楽曲でもしっかりナイアガラのカラーが出ているところは見事である。

写真提供：ソニーミュージックダイレクト

アパッチ

「レモンのキッス」

シングル盤

70年代に活躍した3人組女性アイドル・グループの80年作で、ナンシー・シナトラの62年のオールディーズ・ナンバーを大滝が編曲。サントリーの清涼飲料のCM用につくられた楽曲で、当初は佐藤奈々子が歌う予定だった。

©ビクターエンタテインメント

金沢明子

「イエローサブマリン音頭」

シングル盤

民謡歌手・金沢明子と、クレイジー・キャッツの編曲で知られる萩原哲晶を起用した82年の大滝プロデュース作。「抱きしめたい」「軍艦マーチ」「スーダラ節」などをコラージュした、ビートルズ・カバーの極北的ナンバー。

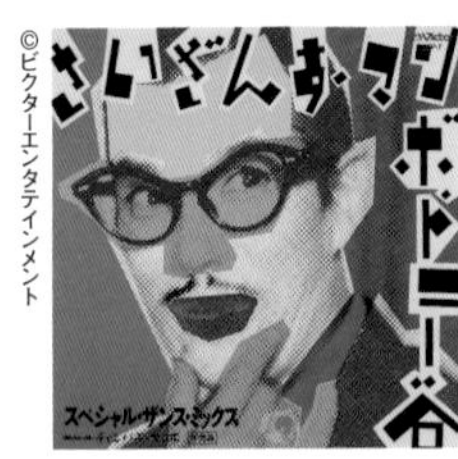

©ビクターエンタテインメント

トニー谷

「さいざんす・マンボ」

シングル盤

コメディアン兼司会者、トニー谷の再評価の契機となった、87年の大滝プロデュース・アルバム『ジス・イズ・ミスター・トニー谷』の1曲。アルバムが好セールスを記録したため、新たにミックスを施し、シングル化された。

©ビクターエンタテインメント

かねのぶさちこ

「時にまかせて」

シングル盤

大滝の記念すべき初プロデュース作品となった、1971年の金延幸子(本作のみ平仮名表記)のデビュー・シングル。編曲も大滝の変名で、バックは松本隆、大滝、細野晴臣による。コーラスを加えた大滝らしいポップな仕上がり。

©ウルトラ・ヴァイヴ

ココナツ・バンク

「日射病」

『素晴しき船出』収録曲

伊藤銀次や上原裕らが在籍したココナツ・バンクが、73年9月のはっぴいえんどの解散コンサートで発表した楽曲。彼らのスタジオ録音盤は存在せず、その演奏は本作を含め大滝プロデュースによる数曲のみであった。

©ジュンアンドケイ

ザ・キングトーンズ

「Doo-Wop! Tonight」

シングル盤

日本のドゥーワップの始祖、ザ・キングトーンズが80年に発表したシングルで、ザ・ヴェルヴェッツ「夢のお月様」のカバー。B面のザ・ファイヴ・サテンズのカバーも含め、黒人音楽に造詣の深い大滝ならではのアレンジ。

©ジュンアンドケイ

ザ・キングトーンズ

「ラストダンスはヘイ・ジュード」

『Doo-Wop ! STATION』収録曲

81年リリースのラジオ仕立てによる企画アルバムで、同盤の1曲を大滝がプロデュース。同じコード進行の「ラストダンスは私に」と「ヘイ・ジュード」をつなぎ合わせ独自のアレンジで聴かせた、パッチワーク技全開の大力作。

©ユニバーサル ミュージック

ウルフルズ

「びんぼう'94」

『すっとばす』収録曲

「ガッツだぜ!!」でブレイクする前のウルフルズが、94年のアルバム2作目に収録した楽曲で、大滝が72年に発表したファースト・アルバム収録曲「びんぼう」のカバー。大滝は本作のために4番の歌詞を新たに書き加えた。

写真提供：THE NIAGARA ENTERPRISES

玉川カルテット

「玉カルのアンアン小唄」

シングル盤

浪曲漫談でお馴染みの玉川カルテットが歌った98年発表の大滝プロデュースによるシングル。小高恵子、山形かゑる子(伊集加代子)、山田邦子らに歌い継がれたノベルティ系名曲。伊藤アキラの詞も玉カル用に改詞された。

ノベルティソング編

思わず腰も動き出す！和魂洋才の面白ソングたち。

甘くドリーミーなポップスが大滝詠一の表の顔なら、裏の顔はこちら。音頭から小唄、コミックソングと、豊富な音楽知識と深い考察に裏打ちされた、上級の面白ソングがずらり。ことに音頭は布谷文夫が歌った「ナイアガラ音頭」をはじめ、いたって真面目に向き合った故の高い完成度を誇る。

©キングレコード

雑誌『ビックリハウス』の企画で、大滝がプロデュースと作・編曲を手がけ、歌詞と歌い手は一般公募されて1979年に発売。レッド・ツェッペリンから「津軽海峡・冬景色」までサウンド・コラージュの極致を展開。

デーボ

「ビックリハウス音頭」

シングル盤

写真提供：THE NIAGARA ENTERPRISES

都会派シンガーからコメディエンヌに転身し、人気が爆発した中原理恵の82年作。当初は小高恵子に提供予定の曲で、楽曲も伊藤アキラの詞も、美空ひばり「お祭りマンボ」への大滝流オマージュにあふれている。

中原理恵

「風が吹いたら恋もうけ」

シングル盤

© THE NIAGARA ENTERPRISES

82年に水谷豊主演のドラマ『あんちゃん』の挿入歌として、松本隆の作詞、大滝作曲、萩原哲晶編曲でつくられ、演歌歌手の角川 博が歌った。ドラマ放送時はレコード化されず、87年に初パッケージ化がなされた。

角川 博

「うさぎ温泉音頭」

『レッツ・オンド・アゲン・スペシャル』収録曲

©ビクターエンタテインメント

人気コメディエンヌ山田邦子が、小高恵子でお蔵入りし、山形かおる子で日の目を見た「アンアン小唄」を82年にカバー。大滝は歌入れの際に「もっと怒鳴れ」と山田に要求。ヤケクソのような歌い方が爆笑を誘う。

山田邦子

「邦子のアンアン小唄」

シングル盤

プロデュース・アルバム編

ポップスの王道は常に新鮮！ ナイアガラの音をまるごと堪能。

大滝詠一はとにかく凝り性で制作に時間をかける。そのため他人のアルバム1枚をまるごとプロデュースする予定が、数曲のみ、シングルのみになってしまうケースも多々あった。ここで紹介するアルバムは、大滝がプロデューサーとして全面的に関わった、奇跡のプロデュース作品である。

大滝の旧友で、ブルース・クリエイションのボーカルだった布谷文夫の1973年のファースト・ソロ。はっぴいえんど「颱風」をカバーした「颱風13号」など、全体にディープなブルース表現がすさまじい。

布谷文夫
『悲しき夏バテ』

山下達郎、大貫妙子らが在籍したことで名高いバンドの唯一のアルバム。大滝が主宰するナイアガラ・レーベルの第1号作品として75年に発表。永遠の名曲「DOWN TOWN」他、珠玉のポップナンバー揃い。

シュガー・ベイブ
『SONGS』

ナイアガラ・ガール・ポップの神髄と呼べる、77年の名プロデュース盤。ナイアガラの既発曲や洋楽カバーで構成され、シリアの甘いボーカルとフィル・スペクターばりの音壁サウンドでドリーミーな世界を演出。

シリア・ポール
『夢で逢えたら』

96年に発表された、大滝プロデュースによる渡辺満里奈のミニ・アルバム。大滝楽曲は「うれしい予感」のみだが、井上鑑らとともにアレンジでも参加。90年代型ナイアガラ・サウンドを具現化した上質な内容。

渡辺満里奈
『Ring-a-Bell』

大瀧詠一とはっぴいえんど

4人の才能が開花した、はっぴいえんどの時代。

細野晴臣、大滝詠一、松本隆、鈴木茂の4人が「はっぴいえんど」と名乗って活動していた時期は、わずか3年余りである。誰もが知るヒット曲があるわけでもなく、活動時には商業的な成功を収めるには至らなかったが、「日本語のロック」を提唱し、実践した彼らが残した3枚のスタジオ・アルバムはリアルタイムで接した感受性の強いリスナーのみならず、その後の日本のロック、ポップス、さらには歌謡曲にまであらゆる形で影響を及ぼし、21世紀には国外からも注目を受ける存在となった。

ソロ・アーティストとしての大滝の才能が萌芽した時期でもあった、はっぴいえんどの時代。すべてはグループ・サウンズのブームも翳りはじめた1969年に動き始める。

東京・青山のディスコを拠点として演奏活動していたバーンズのメンバーだったドラマーの松本とベーシストの細野はグループ・サウンズのザ・フローラルの小坂忠、菊池英二、柳田博義と共にエイプリル・フールを結成。69年9月にアルバム・デビューする。サウンド志向の違いを感じた細野は、松本、小坂と新バンドを構想するも、小坂がミュージカル『ヘアー』のオーディションに合格したため、新たなヴォーカルを探すことになる。白羽の矢を立てたのは、細野が知人を通じて交遊を始めていた大滝であった。

ヴァレンタイン・ブルーと名乗る新たなバンドで細野が目指したのは、バッファロー・スプリングフィールド、モビー・グレープ、ローラ・ニーロ、ザ・バンドなど、オルタナテ

写真：野上眞宏

1970年4月に『はっぴいえんど』を録音したばかりの4人が、同年5月16日、渋谷西武の屋上での『シブヤ西武MAYカーニバル』に出演した際の一枚。急な土砂降りで演奏を中断中。奥で佇む大滝はこの時、21歳。

ィヴな個性をもったアメリカのロック。そこに松本が日本語の歌詞をつけるということで方向性は定まる。ギタリストの鈴木が加わり4人組となったヴァレンタイン・ブルーは70年3月、はっぴいえんどと改名する。

8月5日に「ゆでめん」の俗称で知られるファースト・アルバム『はっぴいえんど』を独立レーベルのURCからリリースする。松本と大滝による「12月の雨の日」や「春よ来い」ではバンドの当初の目論見であるバッファロー・スプリングフィールドのサウンドに乗せて日本語で歌うことを見事に成立。なによりシンガーがバンドの「顔」だった時代において、歌と作品が直結していた大滝の作品が大きな比重を占める内容となっている。「春よ来い」の歌い出しの「お正月」のように、およそロックに似つかわしくないとされていた言葉のチョイス、その言葉を奔放にメロディーに乗せていく手法は後の桑田佳祐をはじめとする日本語を扱う歌手や作曲家たちに多大な影響を与えることとなる。
「飛べない空」などを提供した細野はアルバムにおける自作曲について「まだ習作だった」と後に発言している。また「続はっぴーいいえーんど」での朗読など、松本の「詞」はまだ「詩」への未練を感じさせる。アルバムの魅力である混沌としたロック表現の核となるのは鈴木が弾くロック・ギターだった。
このアルバムは音楽雑誌『ニューミュージック・マガジン』の誌上企画「第2回レコード賞・日本のロック賞」部門で1位を獲得する。それを受けて、同誌での「日本のロック情況はどこまで来たか」というテーマの討論会に大滝と松本が参加（70年5月号に掲載）。そこで第1回の同賞を受賞した岡林信康『わたしを断罪せよ』に続いて、URCからの作品ばかりが選ばれたことに不満をもった内田裕也が異論を唱える。「外」に向かって、ロックは英語で歌うべき、とする内田と、あくまで自身の流儀で日本語にこだわるはっぴいえんどとが対立する構図は、いわゆる「日本語ロック論争」として、その後も長く、広く語り継がれていくことになる。が、よくよく考えると、英語で歌う、ということと、日々、生活や思考する言葉でロックする、というふたつのアプローチは、それぞれ「間違ってはいない」のである。
翌71年11月20日、セカンド・アルバム『風街ろまん』が発売される。「風街」とは、東京生まれの松本が、64年の東京オリンピック

『はっぴいえんど』

1970年8月5日リリース　URCレコード

記念すべきファースト。時代の空気を孕んだロック表現の混沌とした魅力が真空パック。ライナーに掲載された100人近くへの献辞はジェイムズ・ジョイスに始まり、三遊亭圓生をも含む。

における都市開発に象徴されるスクラップ＆ビルドによって、失われた記憶の中の東京の風景を現在の東京の中に幻視したものを言い表した造語である。

バンドにとっての最高傑作であり、日本のロックの金字塔とも称される本作は、松本と大滝が詞・曲を手掛けた「抱きしめたい」で始まる。同じコンビによる「空いろのくれよん」で大滝は、ハンク・ウィリアムスを意識したヨーデル歌唱を披露。「はいからはくち」でロック・バンドとしての底力を発揮、「愛餓を」でナンセンス表現を極めた。大滝自身の詞によるブルース・ロック「颱風」の太々しさも重要だ。そこに、細野はバンドにとっての代表曲となる「風をあつめて」、さらに「夏なんです」でソングライターとして大きな存在感を示す。ジェイムス・テイラーにヒントを得た歌唱表現の確立も大きい。全編ファルセットで歌う「あしたてんきになあれ」はファンキーで、ポップアートのようだ。さらに、鈴木は自作曲「花いちもんめ」を提供。ジャケット・アートが示すとおり、４人の才能が見事に並び揃った。

72年、大滝はソロ・アルバムの準備を開始する。老舗のキングレコード内に新しく興されたレーベル、ベルウッドは当初、『風街ろまん』のリリースを希望したのだが、ＵＲＣは譲らず。メンバーのソロ作ならば……という提案に大滝が乗ったもの。細野からも「そういう話があるうちに」と背中を押された。同

『風街ろまん』

1971年11月20日リリース　URCレコード

バンドにとっての最高傑作であり、日本のロックの金字塔。4人の才能が並び揃った2作目。日本語の歌詞がソウル・ミュージックから学び得た独自のグルーヴと整合している点も重要。

年11月25日に発売され、50年後に当初の案だった『乗合馬車』と題されて再発されたアルバムは、はっぴいえんどの番外編ともいえる。松本が詞を提供し、3人とも録音に参加、「びんぼう」はバンドでのライヴでも演奏されている。「恋の汽車ポッポ第二部」のオールディーズ趣味、エルヴィス・プレスリーの邦題を並べて歌詞にした「いかすぜ！この恋」のノベルティ芸、『ロング・バケイション』を予感させる「水彩画の町」や「乱れ髪」の抒情性など、ナイアガラ・サウンドとして昇華する大滝サウンドの原型であり、同時に、「空いろのくれよん」の続編のような「それはぼくぢゃないよ」、「颱風」に連なる「びんぼう」など、はっぴいえんどにおける大滝の役割を再認識させてくれる。

同年9月にミーティングの末、はっぴいえんどの解散が決定される。最後のアルバムとなる『HAPPY END』は翌10月に米ロサンゼルスで録音が開始される（発売は翌73年2月）。ソロ・アルバムに自作曲を出し切った形となった大滝は「田舎道」と「外はいい天気」を作曲。もう一曲、コード進行だけできていた曲に、現地で出逢ったヴァン・ダイク・パークスが見る見るうちにリズム・アレンジを施し、松本が即興で歌詞をつけた「さよならアメリカ さよならニッポン」をもってアルバム、さらにはっぴいえんどは大団円を迎えることになる。滞在時に遭遇したリトル・フィートのメンバーも録音に参加していた「さよ

『HAPPY END』
1973年2月25日リリース　ベルウッド・レコード
最終作。かつてバッファロー・スプリングフィールドも使用したLAのスタジオで録音。メンバーそれぞれが独立したプロデューサーとして曲に関わる体験はその後の4人の活動を予見させた。

なら通り3番地」などで、鈴木は大滝、細野と十分に渡りあっている。「風来坊」、「無風状態」、「相合傘」では松本ではなく、作曲した細野自身が作詞を手掛けている。

72年12月31日、予定どおり、はっぴいえんどは解散するのだが、こうして歴史を振り返れば、『風街ろまん』をもって「バンドとしての表現」が成し遂げられたことを要因とすべきだろう。それぞれの行く末は、大滝のソロ・アルバムや、最終作『HAPPY END』で、すでに可視化されている。さらに、73年9月21日に文京公会堂で行われたラスト・ライブ『CITY -Last Time Around』は翌74年1月に『ライブ!! はっぴいえんど』としてリリースされるが、そこに出演した山下達郎を擁するシュガー・ベイブや、ココナツ・バンクの伊藤銀次など、のちに大滝が興すナイアガラ・レーベルからデビューする若い才能たちの「顔見せ」の役割も果たしていた。

85年6月15日に国立競技場で行われた『オール・トゥゲザー・ナウ』での再結成ライヴでは、イエロー・マジック・オーケストラの細野、『ロング・バケイション』の大滝、職業作詞家としてヒット曲を量産する松本、プレイヤー、プロデューサーとして活躍する鈴木という4人の名前の大きさが話題を呼んだ。はっぴいえんどのサウンドに対する本格的な再評価が起こったのは、サニーデイ・サービスが登場した90年代以降だろう。作家としてほかの3人を歌謡曲のフィールドに招きこんだ松本による「松田聖子とはっぴいえんどは繋がっている」という発言も、今ではその真意が広く理解されるようになった。

2003年にはソフィア・コッポラ監督の映画『ロスト・イン・トランスレーション』で「風をあつめて」が使用され、SNS、さらに配信の時代では、海を越えて熱狂的なファンを生み出した。「日本語で歌うロック」は遠回りではあったものの、半世紀をかけて世界に伝わっていったのだ。

鈴木 茂 Shigeru Suzuki 音楽家

●1951年、東京都生まれ。はっぴいえんど解散後はバンドとソロ活動を並行させ、アレンジャー、プロデューサーとしても活躍。2021年にCDデビューしたSKYEも話題に。

鈴木茂 インタビュー

大滝詠一と共に過ごした、ロック黎明期の記憶。

はっぴいえんどのメンバーとして大滝詠一とともに活動してきた鈴木茂は、バンド解散後も大滝作品には欠かせないギタリストとして、常に大滝の傍にいた。鈴木が大滝と出会ったのは、1969年の頃だそう。だが、実際にいつ、どこで会ったのか、鈴木には明確な記憶がないという。

「当時、細野晴臣さんとは知り合っていて、東京・白金にあった細野さんの家によく遊びに行っていました。そこに大滝さんもよく来ていたから、大滝さんとはそこで会ったのが最初かもしれない。大滝さんの下宿は細野さんの家の近くで、大滝さんから誘われてよく麻雀をやりにも行きました」

この頃、細野は松本隆らとエイプリル・フールというバンドで活動していたが、音楽性の違いから解散が決まる。細野と松本は新たなバンドを組むつもりが、ヴォーカルの小坂忠がミュージカル『ヘアー』に出演が決まり不参加となり、新たなヴォーカリストとして大滝を誘い、結成されたのがヴァレンタイン・ブルー。さらにギタリストが欲しかった細野は鈴木に声をかける。

「細野さんと一緒に松本さんの家に行ったんです。そこで既に大滝さんの作曲で完成していた『12月の雨の日』を細野さんがギターで弾きながら歌い始め、僕はそこにギターでイントロのフレーズを付けた。それが加入の決め手になりました。その時に弾いたフレーズが、今、聴けるあのイントロです」

interview with

Shigeru Suzuki

鈴木が『ロング・バケイション』で主に使用した、1965年製ギブソン・ファイアーバードV。はっぴいえんど解散後の大滝とのレコーディングでは常に愛用した。

ヴァレンタイン・ブルーは70年3月に、はっぴいえんどに改名。翌月にはファースト・アルバムのレコーディングに入るが、意外なことに彼らはリハーサルをやったことがほとんどないという。

「それは、メンバー全員が才能豊かな人の集まりだから、アンプや楽器が完璧にセッティングされた場所でなくても、楽屋の片隅で打ち合わせして済んでしまった。コード譜すらなかったと思う。『ギターはこういう感じで弾いてくれ』という前に、まず音を出しちゃう。ただ、大滝さんはそこまでギターが上手じゃなかったから、大滝さんからの注文がいちばん多かった。『この曲はモビー・グレープの何々っていう曲みたいにしたいんだ』という感じでね。あまり似ちゃうとまずいから、自分なりの解釈で弾いてみる。でも、大滝さんは完成した曲を弾き語りでコードを付けて歌ってくれるから、いちばんやりやすかった。細野さんの曲はベースラインが複雑なので、ベースを弾きながら歌うのが難しいんです」

それがある意味、最後まで祟ってしまったところがあると鈴木は語る。

『ゆでめん』（ファースト・アルバム『はっぴいえんど』の通称）を出した後のライブでは、『12月の雨の日』『かくれんぼ』『はいからはくち』と、大滝さんの曲が定番化してしまった。初期に関しては〝大滝詠一&はっぴいえんど〟といってもおかしくない構成でし

interview with

Shigeru Suzuki

た。大滝さんの中には、なぜ自分ばかり歌うんだ、という不満があったようです。この頃、はっぴいえんどは遠藤賢司さんや高田渡さんのレコーディングや、岡林信康さんのコンサート・ツアーに参加しましたが、こういう場合の大滝さんは生ギターを弾くぐらいしか居場所がない。でも、遠藤さんも高田さんも生ギター弾き語りの人だから『僕、いなくてもいいよね』みたいな思いはあったはず。結局、僕や細野さんは、他の人のレコーディングに呼ばれてギターやベースを弾くこともあったけど、大滝さんはヴォーカリストの立ち位置が大きいからね。加えて自分の世界を強くもっている人だから、ソロ活動に気持ちが向いていったんでしょう」

　バンド内でヴォーカリスト的な役割を強く求められることに、大滝自身も自分のやりたい世界との乖離があったのだろうか。はっぴいえんどは2作目『風街ろまん』の制作に入るが、この際、鈴木は大滝から「茂も曲をつくれよ」と声を掛けられ、そこで完成したのが「花いちもんめ」と「ちぎれ雲」だった。

「ツアー先のどこかで言われたんだと思う。松本さんから2つ詞をもらって、『ちぎれ雲』はアルバムに収録されなかったけど、ライブでは演奏していました。自分で歌うつもり？もちろんなかったですよ。だから、あの時大滝さんに言ってもらわなかったら、いまだに歌っていなかったかもしれない」

これからも大滝さんの残した曲を歌っていきたい。

はっぴいえんどの3作目『HAPPY END』が発表された頃、手に入れたというフェンダーのテレキャスター。近年はあまり使ってはいないそう。

はっぴいえんどは「日本語ロックの創始者」と言われる。だが、当事者である鈴木は、日本語でロックを歌うことをどう思っていたのだろうか。

「違和感はありました。勝手な言い方をするなら『ロックは英語の方がカッコいいよね』という思いはあった。ただ自分で曲をつくってみると、本来こうあるべきだと一発でわかった。逆に日本に自分たちのようなロック・バンドが存在する意味を確認できたと言ってもいいかもしれない。結局、いちばん大事なことってオリジナリティなんです。はっぴいえんどは松本隆という作詞の専門家がバンドにいたことが、うまく行った理由です。ビートルズみたいに自分の曲は自分で詞を書く形だったら、バンドの形も違ってきたと思う」

また、『風街ろまん』について、鈴木は「大滝さんと細野さんのカラーが強く出て、バンドが目指している音の形は、このアルバムで揃った」と語る。

「ただ、それぞれの曲のつくり方も、パーソナルなところが強く出てくるようになった。もともと大滝さんが本当にやりたい音楽はオールディーズとか、そっちの方向でしょう。『風街ろまん』の後に大滝さんがつくったソロ・アルバム(『大瀧詠一』)は、バンドでできなかったことを実現させようとしたもので、あの世界観が花開いたのが『ロング・バケイション』だと思う」

はっぴいえんどというバンドは、4人が独特の距離感を保って集まったようにも思える。最年少の鈴木から見て、他のバンドのようにグループ内での年功序列的なものは存在しなかったのだろうか。

「細野さんはいちばん年上だったけど、体育会系的な年功序列のような態度や発言は一度もなかった。縦社会的な規律にならなかったのは、それぞれが作曲家であり、歌い手であり、音楽プロデューサーでもあるというマルチプレイヤーが4人集まった集団だったから。ただし、エゴのぶつかり合いはありました。どこのバンドもそういうのはあるし、むしろ、エゴがぶつからないバンドって刺激的ではない。エゴは邪魔だけど必要。はっぴいえんどは、音の上では『俺はこれで行く』という主張が全員に、常にありました」

はっぴいえんどを解散したのち、鈴木は細野とともにキャラメル・ママを結成し、その後ティン・パン・アレーへと発展する。鈴木は並行してソロ活動もスタートさせ、単独で渡米し75年に初のソロ・アルバム『BAND WAGON』を発表。帰国後にはハックルバックを結成してライブ活動を行った。松本は、南佳孝らのプロデュース業を経て、作詞家として活動していく。大滝はCMソングの制作や布谷文夫らのプロデュースを経て、74年9

月に自身のプライベート・レーベルである「ナイアガラ・レーベル」を設立し75年には解散後初のソロ作『ナイアガラ・ムーン』を発表。このアルバムにも鈴木はギタリストとして参加している。そして81年。『ロング・バケイション』制作にあたり、再び大滝は鈴木を呼び寄せる。「君は天然色」「雨のウェンズデイ」などで鈴木のギター・ソロは見事に甘く切ない響きを聴かせた。バンド仲間としての関わりを終えてからのふたりの関係は、トップ・ギタリストとしての鈴木を大滝が自身の作品で切望したことがうかがえるのだ。では、ギタリストから見た大滝メロディーの魅力はどこにあるのだろうか。

「僕の場合、つくる曲もギターっぽいメロディーになってしまうけど、大滝さんのメロディーって、いろんな人が歌える。たとえば『愛餓を』なんて、童謡にしてもいいくらいな曲だし、『熱き心に』にしても、小林旭さんがいなければああいうメロディーにはならないし、自分のソロでもあの曲は歌わないでしょう。大滝さんの中には、いろいろな引き出しがある。ある意味、学者肌、音楽研究家なんです。たとえば『スピーチ・バルーン』という曲は、コード進行的には大定番の流れなんです。このコード進行でメロディーをつくろうと思っても、既にいろいろな名曲が存在しているのでなかなかつくれない。だけど大滝さんはあんなに凄い曲をつくってしまう。変わったコード進行でメロディーをつくるほうがよほど楽なんです。みんなが知っているコード進行の上にメロディーを乗せて、曲を完成させ、誰からも愛される。それは本当に凄い、砂漠で針を探すようなものです」

　鈴木が最後に大滝と会ったのは、97年に発売された大滝のシングル「幸せな結末」のレコーディングの際だったという。

「最後にスタジオで会った時も、いつものように饒舌で面白くて、健康でした。だから亡くなられたと聞いた時は本当に驚いた」

interview with

Shigeru Suzuki

鈴木は2019年から20年にかけ『鈴木茂☆大滝詠一を唄う!!』というトリビュート・ライブを行った。これは75年に荻窪ロフトで行われた『大滝詠一、鈴木茂を歌う』というライブへのアンサー的な意味合い、そして大滝への敬意が込められているという。

「そんなライブがあったと後に聞かされ、本当に嬉しかった。その後、大滝さんが亡くなられて何年も経ち、そろそろ大滝さんの曲を歌ってみようかと思ったんです。歌ってみて思うことは、メロディーに対する情熱の傾け方。『ロング・バケイション』の曲は、1番と2番で譜割りが違うなんてザラ。普通はメロディーを決めたら言葉をメロディーに合わせるんですが、大滝さんは言葉が崩れないように譜割りを変えたりする。覚えるほうはすごく大変なんですが（笑）。聴いていると心地よいし、言葉は伝わりやすく、メロディーもほとんど崩れない。大滝さんの曲を歌うようになって、その点は本当に勉強になりました。これからも大滝さんの残した曲を歌っていきたいと思います」

鈴木茂が振り返る、大滝詠一らしい曲 BEST 3

1

「君は天然色」

『ロング・バケイション』収録

「大滝さんの世界が突き抜けて完成された曲。音域も広く、パワーも表情も必要で歌うのはとても難しいんですが、聴いているだけだとそうは思わせないところが凄い」

2

「雨のウェンズデイ」

『ロング・バケイション』収録

「僕はこの曲でソロを弾いているけれど、しっとりとした美しいメロディーで、松本さんの詞もいいし、言葉を大切に歌っている。とてもバランスが取れた渋い名曲です」

3

「空いろのくれよん」

はっぴいえんど『風街ろまん』収録

「はっぴいえんど時代では最も好きな曲。大滝さんは、アップテンポもいいけれど、バラードは特別いい。歌い方もロック・バンドを意識したものではなくなっています」

写真家が捉えた、「日本語ロック」誕生の現場。

立教大学で細野晴臣と出会い、その縁ではっぴいえんどとしてデビューする前から彼らとの交流を深め、フィルムに収めた写真家・野上眞宏。いつしかはっぴいえんどの写真担当となった野上は、彼らを記録することが自分の役目、義務であると思うに至ったという。「日本語とロックの融合」に挑んだ記念碑的作品としていまも語り継がれる、はっぴいえんどのデビュー・アルバム『はっぴいえんど』。1970年4月9日から12日まで、東京・麻布十番のアオイスタジオで行われたレコーディングに2日間密着し、日本語ロックの創造と真摯に向き合うメンバーの生々しい姿を記録したのも野上だった。そうして完成した「ゆでめん」の通称で知られる名盤のジャケットに、野上の写真が使われることとなる。

「でも、せっかく歴史的レコーディングを写真に収めたのに、これまでまとめて発表することはなくて。写真集の形でまとめるのが僕の責任かなと思ったんです。そうしないと、歌謡曲が主流で、ロックという音楽がまだ認められていなかったあの時代に、若くて野心的な4人がなにかを成し遂げようとした姿をのちの世の人が知る機会がなくなってしまう。その思いで写真集発表を決意したんです」

半世紀の時を経て、2021年8月に発表された写真集『ゆでめん』には、スタジオ録音の模様を中心に、70年4~5月当時の彼らの自然体の姿が収められている。日本のロックを前進させた4人の若者の実像を捉えた、第一級の資料としても貴重な写真を時空を超えて目撃する悦びを味わいたい。

録音3日目、4月11日の写真。大滝詠一が手にするギターは、鈴木茂所有のエルクのジャガー・モデル。鈴木自ら、ボディとヘッドをノコギリで切り、形状を変えた。「当時はまだ誰も外国製のいい楽器や機材は持ってなかったですね。それにしても大滝君の声はきれいでした。想いがたっぷり込められた彼の歌声は他に類を見ないほどすごかった」と野上。

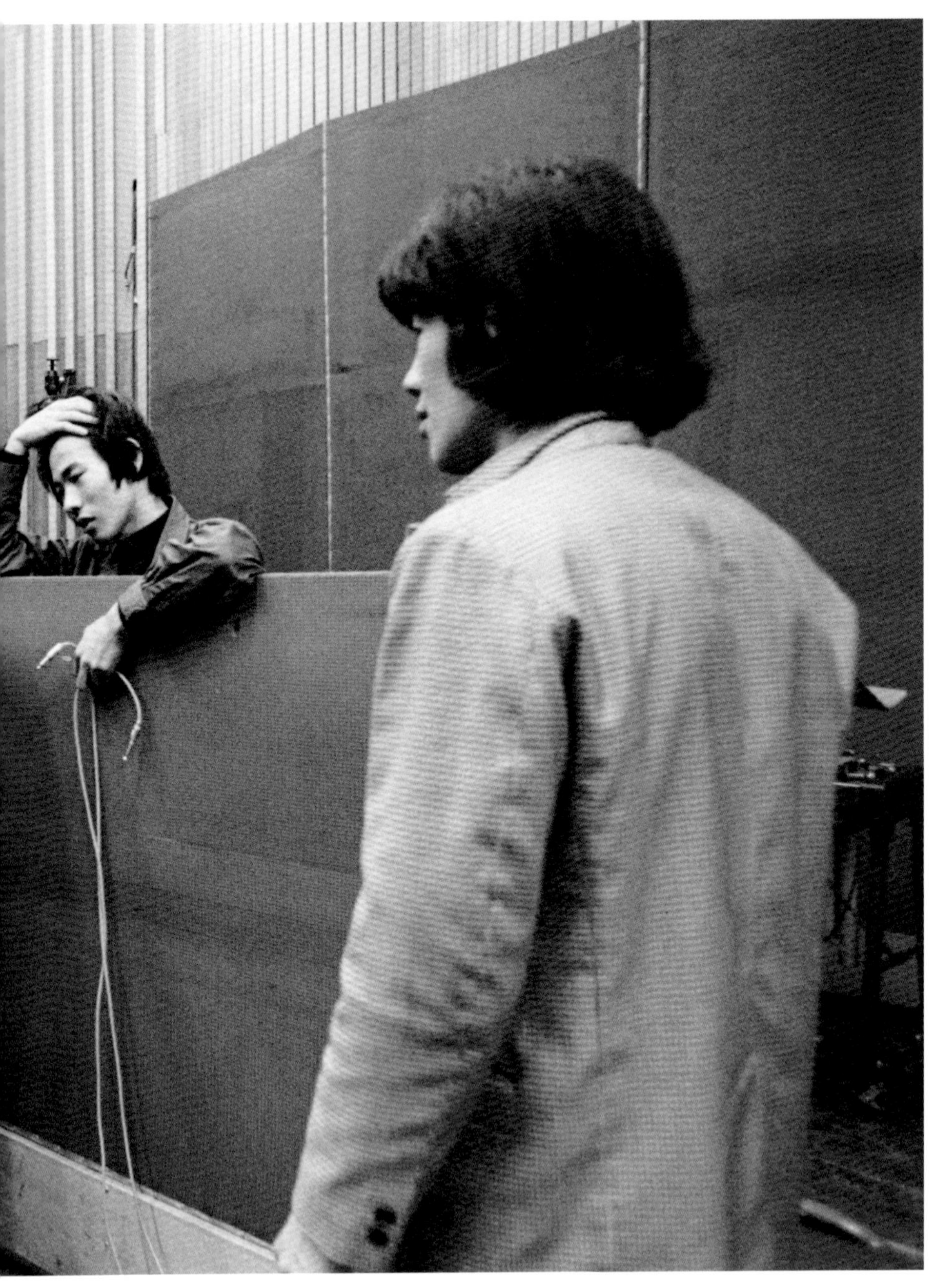

録音終了後、片付けをしながら語り合う、細野、鈴木、大滝の3人。「スタジオでは細野君が、いちばん“ああしよう、こうしよう”と言ってましたね。それにしても彼、顔が変わってないなあ。大滝君と最後に会った時、亡くなる1カ月くらい前なんだけど、『細野氏くらい変わらない人は、俺は知らない。昔のまんまじゃん』とか言ってました(笑)」

アオイスタジオで最も広い第1スタジオの全景。4人揃ってベーシック・トラックを録る様子がよくわかる。「これは4月11日、最初に撮ったカット。終始和やかな雰囲気でしたが、茂君とかは初スタジオ録音だから緊張してたかも。でも、あの頃はベーシック・トラックは同録が当たり前でスタジオ・ライブみたいなものだから緊張感はありましたね」

aoi

綿密な打合せを行う松本隆と大滝。「ふたりが歌詞のことで打合せをしているところを撮影した写真ですね。大滝君が作曲した曲では大滝君が、細野君の曲では細野君がみんなに指示を出していました。それでも茂君なんかは、ギタリストとして自分で独自に解釈し、どんどん音をつくっていく逞しいところがありましたよ」

野上眞宏
『ゆでめん』
ミュージック・マガジン　2021年

細野晴臣 インタビュー

認め合う音楽家の関係は、最後まで続いた。

細野晴臣 Haruomi Hosono 音楽家

●1947年東京生まれ。音楽家。1969年「エイプリル・フール」でデビュー。1970年「はっぴいえんど」結成。73年ソロ活動を開始、同時に「ティン・パン・アレー」としても活動。78年「イエロー・マジック・オーケストラ（YMO）」を結成、歌謡界での楽曲提供を手掛けプロデューサー、レーベル主宰者としても活動。YMO散開後は、ワールドミュージック、アンビエント、エレクトロニカを探求、作曲・プロデュース・映画音楽など多岐にわたり活動。

日本のロックとポップスの立役者、細野晴臣。彼にとって、大滝詠一は数少ない盟友と呼べる存在だ。出会ったのは1968年。はっぴいえんどの結成前、お互いにまだ誰でもなかった頃のふたりを結びつけたのは、ポップスへの深い知識と憧憬だった。

「印象深い初顔合わせでした。彼がぼくの家を訪ねてきて、部屋に入ってくるなり、飾ってあったシングル盤を見て、挨拶なしにいきなりその曲名を言いました。『お！ ゲット・トゥギャザー！』と。その頃、ヒットしていた歌です。その時になかなかの使い手だと感心しました。黒澤明の『七人の侍』に同じようなシーンがあったのを想い出したのです。そんな関係はその後もずっと続きました」

interview with

Haruomi Hosono

3枚のアルバムを残して、はっぴいえんどが解散した後も、ふたりは互いに認め合う同志だった。細野は大滝の楽曲をこう評する。

「ソロの曲として、さすがだと思ったのはCMの『Cider』のシリーズでしたが、深く影響し合っていた頃のアルバム『ナイアガラ・ムーン』には『負けた』とうめきました。特に『ハンド・クラッピング・ルンバ』と『恋はメレンゲ』『福生ストラット』は好きです。50~60年代の引用が的を射ているだけでなく、世界標準を超えていて、誰も超えられない豊かさがあります」

細野はベーシストとして大滝詠一の数々のソロ作品にも参加。その方向性にも大きな影響を与えた。『ロング・バケイション』に参加したのは、世界進出を果たしたYMOの一大ブームにより多忙な日々を過ごす最中でもあった。

「プレイヤーとして楽しく演奏したのは『ナイアガラ・ムーン』でした。当時はプレイヤーの絶対数も限られた時代で、知らない人と演奏することはなかったと思います。大滝君がやりたいことはみな共有していて、（一応用意されていたとは思いますが）譜面も必要がなかったのです。福生のスタジオも当時自分が住んでいた狭山のハウスと同じ雰囲気で、仕事をしているという気持ちは一切なく、遊んでいた感覚です。とはいえ、演奏のよし悪しには厳密でしたが。ちなみに『ロンバケ』は『次は自分の番』だと、ぼくに意気込みを宣言したアルバムでした」

細野は大滝との音楽家としての共通点とその違いを、こう解説する。

「共通しているのは、自分が聴いてきた素晴らしいポップスにとことんこだわるところでしょうか。単に再現するのではなく、そのエッセンスをいただき、自分のものにして作品にしないと気が済まない、という性分です。ポップスという美女に恋した兄弟のようなものかも。ただ、インプットは似ていますが、

※2021年4月当時のインタビューです。

interview with

Haruomi Hosono

写真：野上眞宏

偉大なふたりの軌跡をたどる、貴重な一枚の写真。

細野とは立教大学時代からの旧友、写真家・野上眞宏の写真集『SNAPSHOT DIARY: TOKYO 1970-1973』より抜粋。日本のロック・ポップス黎明期にあたる1970年代初頭、その中心人物である細野と大滝の姿を記録。

アウトプットはまったく別の世界を表現していると思います。やはりそれは大滝君が歌手であること、そして自分がプレイヤーであることにも関係していたと思います。つまり大滝詠一の核は『歌』で、自分が歌える歌をシンガーとして作曲していたのです。プレイヤーだった自分との大きな違いかもしれません。しかしいまはぼくも歌える歌をつくるようになりました」

２０１３年12月、大滝は逝去する。その直前、細野は新たなソロ作品の制作を持ちかけた。敬愛し合う音楽家同士の関係は、最後まで続いていたのだ。

「大滝君がなかなかソロ・アルバムをつくらなかった時期で、彼を訪ねるという知人に伝言を託しました。『なんでもやるからつくろう』と。で、その返事がこれも伝言で届きました。『細野流の挨拶』だと。もう少しで実現するはずだったのに、残念で仕方ない。名盤ができたに違いないのです」

大滝詠一への愛を語れ！

6人の証言者が明かす、知られざるエピソード

▼ **証言者 1**

俳優 **佐野史郎** Shiro Sano

●1955年、島根県出身。86年『夢みるように眠りたい』で映画主演デビュー。以後、数々の映画やドラマ、舞台で幅広く活躍している。小泉八雲の朗読を続けている他、写真、執筆、バンドなど俳優以外の活動も行っている。

高校生だった1970年に、はっぴいえんどの「12月の雨の日」を聴いて衝撃を受けて以来、いまに至るまで熱心な大滝詠一ファンであり続けている佐野史郎。93年にラジオ番組で初めて対面した時は、高校時代にカバーしたはっぴいえんどの「春よ来い」のカセット音源を持参。大滝本人に聴いてもらったことがあると明かす。

「ずっとファンでい続けたんだという想いを伝えたい一心でした。いま考えると怖いもの知らずですが、当時はとにかくわかってくださいという気持ちを抑えられなかったということですね。リップサービスでしょうが『鈴木慶一よりうまい』って言ってくださいました（笑）」

これを機に交流が始まり、年に1回は会う間柄に。

「なんかね、僕が高校時代に
カバーした音源を、褒めてくださって。」

大滝詠一ファンクラブのグリーティングカードと、76年に『ゴー! ゴー! ナイアガラ』で放送された「クレイジー・キャッツ特集(ゲスト：植木等)」をエアチェックしたカセットは宝物だという。

「お会いするとその時々に大滝さんが興味をもっていることが話題になるのですが、僕が俳優をしていることもあって、日本映画の話も多かったですね。とにかく研究熱心で、体系立てて分析されるので、こちらが中途半端な知識で口を挟もうものなら、徹底的に論破されました」

特に忘れられないのは、2009年にリリースされた、女性アーティストだけによる大滝詠一トリビュートアルバム『A LONG VACATION from Ladies』の記念コンサートで司会を務めたこと。

「曲やステージの構成などの演出にも加わらせていただいたのもうれしかったのですが、その後の打ち上げが最高でした。金子マリさんとか大貫妙子さんが大滝さんと一緒に居るわけですよ。大滝さんと金子さんがずっとルーツであるロックンロールの話なんかをしていて、それを横で聞いている時間は本当に幸せでした」

▼ 証言者 2

ボーカリスト

鈴木雅之 Masayuki Suzuki

●1956年、東京都生まれ。80年にシャネルズでメジャー・デビュー。86年にソロ活動を開始。2020年、デビュー40周年記念アルバム『ALL TIME ROCK' N' ROLL』をリリース。

「大滝さんの仮歌テイクが、ボーカリスト鈴木雅之の道標になった。」

1980年にシャネルズでメジャーデビューを果たした鈴木雅之。共通の知り合いがいたことから、アマチュア時代に大滝詠一の知遇を得て、福生の自宅に招かれたり、大滝が手がけるCMソングや第1期ナイアガラ・レーベルのラスト作『レッツ・オンド・アゲン』に収録された「禁煙音頭」「ピンク・レディ」の2曲に歌とコーラスで参加するなど、関係を築いていた。そのつながりで実はシャネルズは大滝プロデュースでデビューする話があった。

「ただ、結局かなわなくて。それでデビューから3年経って、グループの名前をラッツ&スターに変えて新たにアルバムをつくるとなった時、大滝さんにやってもらいたくてお願いすることにしたんだ」

それが、83年リリースのラッツ&スターのファースト・アルバム『ソウル・ヴァケイション』である。大滝からの提供曲は「Tシャツに口紅」「星空のサーカス」の2曲。レコーディングは、いまはなきCBS・ソニー信濃町スタジオで行われた。

「大滝さんは言葉でああしろ、こうしろとは言わないんだよね。だから、大滝さんの仮歌ボーカルテイクをウォークマンで何度も繰り返し聴いて覚えて、自分の歌にしていった。あのテイクが、のちのボーカリスト・鈴木雅之の道標になってくれたと思う」

数ある大滝作品の中で最も好きなのは「夢で逢えたら」だという。

「大滝さんに初めて誘われて福生に向かう高速道路でカーラジオから流れてきたのが、シリア・ポールが歌う『夢で逢えたら』だった。その時に夢じゃなく本当に大滝さんに逢えるんだと思ってハンドルを握ったのを覚えてる。96年、ラッツ&スター再集結の時にカバーしたのが『夢で逢えたら』。2020年、24年ぶりに出場した紅白歌合戦で歌ったのも『夢で逢えたら』だった。感慨深いよね」

ラッツ&スター『ソウル・ヴァケイション』

1983年にリリースされたラッツ&スターのファースト・アルバム。プロデュースは大滝詠一で、ジャケットデザインはアンディ・ウォーホル。シャネルズ時代にアメリカのライブハウス「WHISKY A GO GO」に出演したことがあり、それをウォーホルが観ていた縁で実現した。

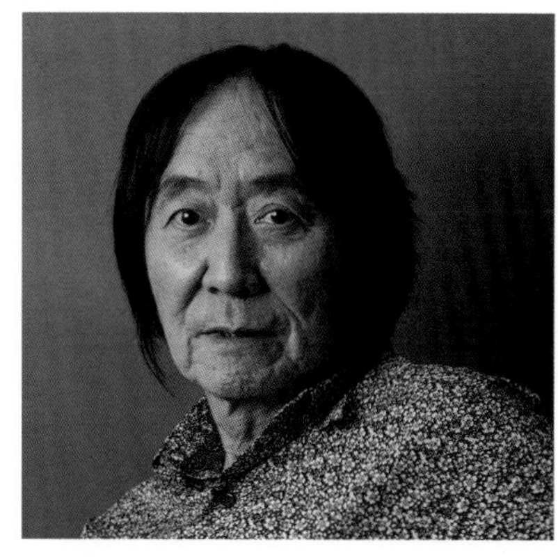

▼ 証言者 3

ミュージシャン

伊藤銀次 Ginji Ito

●1950年、大阪府生まれ。72年にデビュー。その後、シュガー・ベイブに在籍。アレンジャーやプロデューサーとしても活躍。90年代以降はウルフルズ、ザ・コレクターズ、七尾旅人の作品を手がける。現在はソロとしても活動中。

「あの時戻ってこなければ、『ロンバケ』という作品は生まれなかったのかも。」

ギタリストとして、シンガー・ソングライターとして、日本のロック黎明期から現在まで第一線で活動を続けている伊藤銀次。大滝詠一との生涯にわたる師弟関係は自身のバンド「ごまのはえ」のファースト・アルバムのプロデュースをお願いしたことから始まった。

「当時は大阪に居たんですが、全国区でやりたい気持ちがあるなら東京へ来なさいと言われて、バンドごと福生に引っ越したんです。昼はバンドの練習をして、夜になると大滝さんの家に遊びに行って、音楽を聴いたり、ゲームをしたり、いろいろな話をしましたね」

もちろん、プライベートスタジオにもよく出入りしたという。

「シングル盤がとにかくたくさんあって、日本で見かけないような洋盤もありました。訊いたら、はっぴいえんど時代に出演した晴海ふ頭のライブ会場でバザーがあって、そこで米軍基地かなにかの放出品として、1枚10円とかで売られていたのを手に入れたそうです。大量にあったから本番のステージが始まるまでにすべてチェックできなくて、出番が終わって一度は家に帰ったけれど、どうしても気になってまた晴海に戻って、全部売ってもらったそうです(笑)」

その中には、大滝が欲しかったけれど、なかなか手に入れられなかったオールディーズのシングル盤が数多くあったという。

「当時は『シュワン』というアメリカのレコードカタログがあって、日本に入ってこない洋盤はそれで注文するんですけど、値段が高いんですよ。それが大量に手に入ったから、これを機にオールディーズをちゃんと集めてみようと思ったそうです。もしあの時、晴海に戻ってなかったら、おそらく大滝さんはアメリカン・ポップスの世界に行ってなくて、その後『ロング・バケイション』は生まれなかったかもしれない。そう考えると面白いですよね」

大滝が晴海ふ頭のバザーで手に入れたオールディーズのシングル盤の中には既に持っているものが。彼から「ダブっているからあげるよ」と言われ譲り受けた、伊藤の想い出の3枚。左から、ピクシーズ・スリー「Cold Cold Winter」、メイジャーズ「A Little Bit Now (A Little Bit Later)」、スウィート・スリー「Big Lovers Come in Small Packages」。

▼ 証言者 4

芸人

水道橋博士 Suidobashihakase

●1962年、岡山県生まれ。87年、玉袋筋太郎とともにお笑いコンビ・浅草キッドを結成。執筆活動も多く行っており、著書に『藝人春秋』『博士の異常な健康』『筋肉バカの壁 博士の異常な健康PART2』『はかせのはなし』など。

「NASAにあるような巨大パラボラアンテナが、大滝邸にありました。」

1981年の夏休み、高校3年生だった水道橋博士は、同級生が夏期講習に励むのを尻目に地元のプールに毎日のように通い、観覧席に寝転がって大ヒット中の『ロング・バケイション』のカセットテープをエンドレスに聴き続けていた。それから約10年の月日が流れ、ラジオ番組の企画で放送作家の高田文夫のお供として、福生にある大滝詠一の自宅に遊びに行くことになった。

「大滝さんはラジオ狂で、僕ら浅草キッドのラジオも『オールナイトニッポン』の2部時代から聴いてくれていました。それどころか、大阪でやっている番組までチェックしてくれていたみたいで、そのことを知った高田先生が僕らを手土産代わりに連れて行ってくれたんです。大滝さんと高田先生は同じ年で、ふたりとも初対面だったんですが、最初はお互い照れまくっていたのが印象に残っています」

その日は大滝の案内のもと、離れにあるレコード部屋やビデオテープ部屋、100インチのプロジェクターとレーザーディスクのある部屋などを見学。圧巻だったのは、レコーディングスタジオに設置された無数のビデオデッキ。すべて録画モードで動いていたという。

「興味をもった番組はすべて録画して視聴していたんです。地方の番組はどうやって受信しているんですかと尋ねたら、パラボラアンテナがあると言うので、見せてもらったら、中庭部分にNASAにあるような巨大パラボラアンテナがそびえているんですよ。日本の地方局くらいなら全部見られるし、聴けると言っていました。大滝さんは生来の研究肌で、本業の音楽だけでなく、さまざまなジャンルに精通していることは半ば都市伝説のように語られていましたが、実際はその上を行っていましたね。コレクターとしても桁違いでしたし、オタクやマニアという言葉を超越していました」

『藝人春秋2 ハカセより愛をこめて』

自らの目で見た、耳で聞いた「真実」を綴る濃厚なノンフィクション。仙人のように暮らす大滝の家を訪ねた日の記憶も収録。

水道橋博士 著　文藝春秋　¥935

▼ 証言者 5

実業家、文筆家

平川克美 Katsumi Hirakawa

●1950年、東京都生まれ。早稲田大学理工学部卒業後、株式会社アーバン・トランスレーションを起業。その後、株式会社ラジオカフェを創業。2014年に隣町珈琲を設立し店主に。著書に『21世紀の楕円幻想論』(ミシマ社)。

「映画分析サイトの秘密のパスワードを教えてくれました。」

平川克美が初めて大滝詠一と会ったのは2008年。自身が運営する「ラジオデイズ」という音声配信サイトの対談番組でだった。

「友人の内田樹、石川茂樹と私の3人で大滝さんを囲んで話を聞くという企画があったんです。ふたりは熱心な大滝フリークでしたが、その時、私は大滝さんについてほとんど知りませんでした。ただ、なにを聞いても間髪を入れずに答えが返ってくるその引き出しの多さに驚いて、この人にもっと話を聞いてみたいと思ったんです」

対談番組は年1回、5年間続いた。座談があるたびに大滝は、平川にちょっとした謎を仕掛けてきたという。

「なんということのない街の風景写真を見せてくれたり、映画のDVDを渡してくれたり。最後にはそれが全部つながっていることがわかるのですが、その時はよくわからなくて、毎回見当違いの感想を述べていました。なにかテストされているといった感じですかね。私は恐らくいつも不合格だったんじゃないかなと思います」

しかし、大滝が密かに取り組んでいた成瀬巳喜男の『銀座化粧』と『秋立ちぬ』の分析が掲載してあるサイトのパスワードを教えてくれた頃から、その関係性は変化していく。

「この時にメールをいただきまして、パスワードを教えるのは10番目だと書いてあって、とても光栄に思ったものです。それで、その分析を読んでひっくり返りました。ものすごく精緻な分析で、大滝さんの才能は音楽の中だけに収まらないんだなと思いました。本当に興味があることはすべて調べ上げるので、『なんでこれほどまで徹底的に調べるんですか?』とお聞きしたら、『CIAに遅れをとっちゃいけないから(笑)』と仰っていて。『ああ、そうか、大滝さんはひとりCIAをやっているんだな』と妙に納得しました」

成瀬巳喜男の代表作『秋立ちぬ』(1960年)。大滝は日本映画の研究に没頭し、特に成瀬作品と小津安二郎作品は徹底的に掘り下げ、ロケ地の緯度や経度、詳細なカメラアングルの特定などを行っていた。「私も大滝さんに倣って、小津の戦前の映画のロケ地探索を始めることになるのですが、その時の文章を大滝さんが読んでくれていて、何度かメールをいただきました」

▼ 証言者 6

写真家

野上眞宏 Masahiro Nogami

●1947年、東京都生まれ。六本木アートセンタースタジオ勤務を経て、71年から鋤田正義に師事。72年にカメラマンとして独立。おもな作品に『New York – Holy City』『はっぴいな日々』『BLUE:Tokyo 1968-1972』など。

「iPadアプリの音声を録音させてくれると、約束してたのに……。」

立教大学時代に同級生だった細野晴臣を通じて、のちに、はっぴいえんどを結成するメンバーとの交流が生まれ、若き日の彼らの活動をフィルムに収めてきた野上眞宏。大滝詠一との初めての出会いは1968年4月、白金にある細野の家に遊びに行った時だった。

「その日、渋谷のYAMAHAでザ・ローリング・ストーンズの『サタニック・マジェスティーズ』のレコードを買ったんです。それで、ちょっと足を延ばして細野君の家に遊びに行ったら、そこに大滝君も居て。一緒に聴いていたら大滝君がストーンズとかビートルズのいろいろなことを詳しく話してくれて、すごい人だなと思いました」

72年にリリースされた大滝の初のソロアルバム『大瀧詠一』。そのジャケット裏で使われているポートレートも野上が撮影した。

「大滝君が都会と田舎が混じったところがいいと言って、埼玉県狭山市にあった、デザイナー集団WORKSHOP MU!! の工房で撮影しました。置いてあった植物とドアの感じがよかったんです」

その後、74年に野上は渡米したため、交流はほぼなくなっていた。しかし、野上がiPadの写真集アプリ『SNAPSHOT DIARY:Tokyo 1968-1973』を制作するにあたって、はっぴいえんどの元メンバーの語りで当時を振り返るオーディオコンテンツを収録したいと考え、大滝と久しぶりに再会した。

「2013年の秋頃に会って頼んだら、快諾してくれて。じゃあ、来年録音しましょうと約束したのに、その年末に亡くなってしまったんです。細野君と松本隆君、鈴木茂君が語るオーディオコンテンツは収録して、14年にアプリはリリースできた。でも、もし大滝君分が実現していたら、記憶力抜群の彼は、僕が忘れていることも覚えていて、たくさん話してくれたんだろうなと思います」

1972年に発売された初のソロアルバム『大瀧詠一』のジャケット裏で使用されている、ポートレート写真のプリント。「大滝君から直接言われたわけではないですけど、聞くところによると、この写真は本人もすごく気に入っていたみたいです」

大滝詠一が影響を与えた、次世代たち。

年表

再び脚光を浴びる、アーバンサウンド40年史。

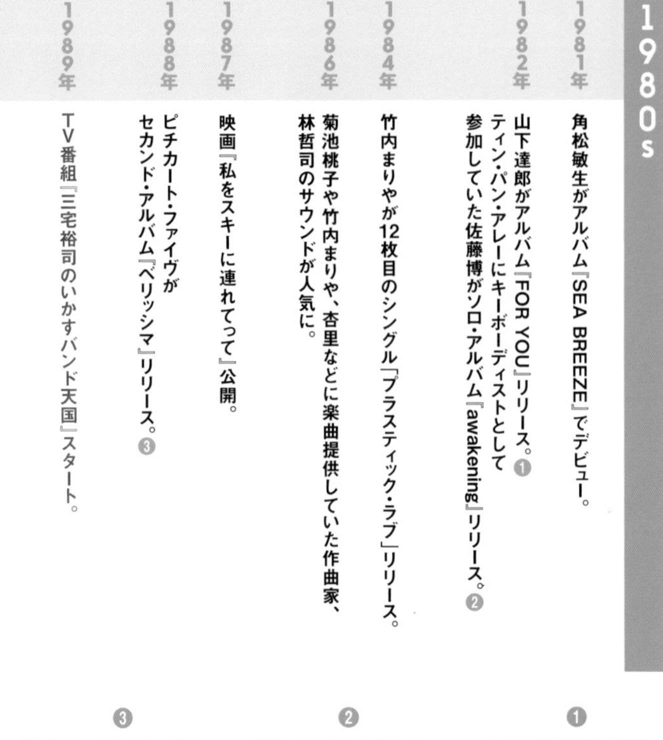

1980s

1981年 角松敏生がアルバム『SEA BREEZE』でデビュー。

1982年 山下達郎がアルバム『FOR YOU』リリース。❶
ティン・パン・アレーにキーボーディストとして参加していた佐藤博がソロ・アルバム『awakening』リリース。❷

1984年 竹内まりやが12枚目のシングル「プラスティック・ラブ」リリース。

1986年 菊池桃子や竹内まりや、杏里などに楽曲提供していた作曲家、林哲司のサウンドが人気に。

1987年 映画『私をスキーに連れてって』公開。

1988年 ピチカート・ファイヴがセカンド・アルバム『ベリッシマ』リリース。❸

1989年 TV番組『三宅裕司のいかすバンド天国』スタート。

❶
©ソニー・ミュージックレーベルズ

山下達郎
『FOR YOU』
1982年

❷

©ソニー・ミュージックレーベルズ

佐藤 博
『awakening』
1982年

❸

写真提供：ソニー・ミュージックダイレクト

ピチカート・ファイヴ
『ベリッシマ』
1988年

バブル景気を反映して、メインストリームに躍り出る。

1970年代後半に登場したディスコやソウル・サウンドに乗せ、都市生活者の価値観を歌うアーバンサウンドが人気を博した80年代前半。その後バブル景気の訪れとともに、松任谷由実が主題歌・挿入歌を手がける映画『私をスキーに連れてって』が公開される80年代後半には、歌謡ポップスが大衆化。菊池桃子などアイドルも煌びやかに歌った。一方で、90年代以降に活躍するピチカート・ファイヴなどのアーティストがデビュー。以後バンド・ブームが訪れる。

1990s

1991年 ジュリアナ東京が六本木にオープン。

1992年 オリジナル・ラブが2枚目のアルバム『結晶』リリース。この頃から「渋谷系」サウンドが人気に。④

1994年 小沢健二がアルバム『LIFE』リリース。⑤
サニーデイ・サービス、メジャーデビュー。
篠原涼子「恋しさと せつなさと 心強さと」のミリオンヒットでTKブーム到来。

1995年 かせきさいだぁ、デビュー。

1996年 スターバックス、日本上陸。

1997年 フジロックフェスティバルがスタート。

1998年 キリンジがアルバム『ペイパードライヴァーズミュージック』リリース。プロデュースを手がけた冨田恵一関連作品に注目が集まる。⑥

1999年 渋谷に「カフェ・アプレミディ」がオープン。カフェ・ブーム到来。
宇多田ヒカルのデビューアルバム『ファースト・ラヴ』が空前のヒット。

④ ©ユニバーサル ミュージック
オリジナル・ラブ
『結晶』
1992年

⑤ ©ユニバーサル ミュージック
小沢健二
『LIFE』
1994年

⑥ ©ワーナーミュージック・ジャパン
キリンジ
『ペイパードライヴァーズミュージック』
1998年

バンドや渋谷系が頭角を現し、都市生活者の価値観が刷新。

バンド・ブームに続き、渋谷界隈のレコード店がレコメンドする音楽がフリッパーズ・ギターを筆頭に「渋谷系」として注目されるようになる。それらはシティポップの源流と呼ばれる60〜70年代の洋楽からの影響を感じさせるものも多かった。80年代の価値観は継承されつつも、バブル後の時代に合わせて洗練・刷新される。やがて90年代中盤に渋谷系の範疇が広がると、70〜80年代のアーバンサウンドに影響を受けたキリンジらが登場。次世代へとつなぐ存在に。

2000s

2000年 サマーソニック、ロック・イン・ジャパン・フェスティバルが初開催。

2003年 流線形がアルバム『シティミュージック』リリース。⑦
冨田ラボがアルバム『Shipbuilding』リリース。⑧
ソフィア・コッポラの2作目となる映画『ロスト・イン・トランスレーション』が公開。

2004年 「ロハス」などオーガニックなライフスタイルが人気に。

2005年 iTunesMusicStore(現・iTunesStore)が日本でのサービスを開始。

2007年 YouTubeが日本でのサービスを開始。

2008年 Twitterが日本でサービスを開始。

2010s～

2010年 ヒットシングル「Rollin' Rollin'」を収録した七尾旅人のアルバム『billion voices』リリース。⑨
海外で音楽ジャンル「ヴェイパー・ウェーヴ」に注目が集まる。

⑦

©エイプリルレコード

流線形
『シティミュージック』
2003年

⑧

©ユニバーサル ミュージック

冨田ラボ
『Shipbuilding』
2003年

⑨

©felicity

七尾旅人
『billion voices』
2010年

70～80年代の再評価が始まり、海外でも認知が拡大。

70～80年代の元祖シティポップに親しんできた層による再評価の動きが2000年代前半に勃興。03年にデビューした流線形をはじめ、冨田ラボなど新たな世代がその影響を落とし込んだサウンドを生み出すようになる。また、ソフィア・コッポラ監督による東京を舞台にした映画『ロスト・イン・トランスレーション』が03年に公開され、劇中ではっぴいえんどの「風をあつめて」が流れる。そこからディープなリスナーも誕生し、日本のシティポップが海外で広く知られるきっかけになる。

2012年
かせきさいだぁがアルバム『ミスターシティポップ』リリース。⑩

2014年
ヨギー・ニュー・ウェーブスがアルバム『PARAISO』リリース。
Instagramが日本でのサービスを開始。
ウルトラ ジャパンが初開催、エレクトロニック・ミュージックが隆盛。

2015年
セロがアルバム『Obscure Ride』リリース。⑪
以降、ネバーヤングビーチ、D.A.N.、ラッキーテープスなどが奏でる、洗練されたサウンドが「シティポップ」と定義される。

2016年
Spotifyが日本でのサービスを開始。
サチモスがシングル「STAY TUNE」リリース。

2018年
竹内まりやの「プラスティック・ラブ」が世界的にヒット。
渋谷のレコード店「FACE RECORDS」がNYに支店をオープン、海外でシティポップを広める。
安室奈美恵が引退。

2019年
ナイト・テンポによる「ザ・昭和グルーヴ」シリーズが話題に。
アメリカのラッパー、タイラー・ザ・クリエイターがアルバム『IGOR』内で山下達郎の曲をサンプリング。
日本のシティポップ作品を収録したコンピ盤がアメリカ・シアトルを拠点とするレーベルからリリース。⑫

2020年
cinnamonsとevening cinemaのコラボ曲「summertime」が東南アジア圏でヒット。
BTSが全米チャート1位を獲得し、グラミー賞にノミネート。
1979年発表の松原みきのシングル「真夜中のドア～stay with me」がSpotifyのグローバルバイラルチャートで1位を記録。

⑩ ©ユニバーサル ミュージック
かせきさいだぁ
『ミスターシティポップ』
2012年

⑪ ©SPACE SHOWER MUSIC
セロ
『Obscure Ride』
2015年

⑫ ©Light In The Attic
V.A.
『Pacific Breeze: Japanese City Pop, AOR&Boogie 1976-1986』
2019年

若手の台頭とリバイバルヒットで、国内外で時代を象徴する音に。

2015年にセロが発表した『Obscure Ride』は現代の都市風景をリアルに表現し話題に。16年にはサチモスの「STAY TUNE」が大ヒット。シティポップ・ブームが決定的になる。さらにヨギー・ニュー・ウェーブス、ネバーヤングビーチなどの若手も注目を集める。並行して竹内まりやの「プラスティック・ラブ」が海外でリバイバルヒット。20年には松原みきの「真夜中のドア～stay with me」がSpotifyのグローバルチャートで1位を獲得。新旧のシティポップが時代を象徴する音に。

注目ミュージシャンが語る、世代を超えた影響。

ナイト・テンポ | Night Tempo

『岡田有希子 – Night Tempo presents ザ・昭和グルーヴ』

ポニーキャニオン
配信限定

●80's Japanese Popsをダンス・ミュージックに再構築したネット発の音楽ジャンル「フューチャー・ファンク」から登場した、日米を中心に活動する韓国人プロデューサー兼DJ。世界中のシティポップ・ブームの火付け役と言われる。80's Japanese Popsの魅力を海外へ広める活動は、多くのメディアで取り上げられ、今最も注目される海外アーティストの一人。

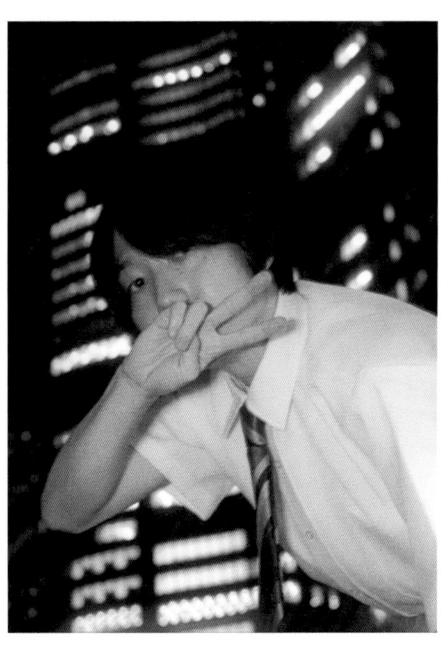

幼い頃になにげなく耳にした音楽のひとつに日本の1980年代ポップスがあり、自然にその世界の虜になってしまったというナイト・テンポ。

「この時代の音楽は、人々の暮らしが豊かだった雰囲気が伝わってくるというか、ロマンティックな風景が見えてくるんですよね。現代では、限られた空間で限られた人のためにつくられている楽曲が多い印象がします。けれど、あの頃の音楽はみんなで楽しめる雰囲気がある。それにも心を奪われてしまいます」

大滝サウンドも、80年代の音楽を追求していく中で、魅力を知るようになったと語る。

「松田聖子さんをはじめとした提供曲をきっかけに僕は知ったのですが、炭酸水のようなシュワっとした印象のサウンドが魅力的です

1980年代の音楽は、
ロマンティックな風景が見えてくる。

よね」

また、大滝が生み出す濃密なサウンドは、海外でも評価が高いと話す。

「あの当時の音楽は、隙間があればコーラスや楽器などを入れる傾向にある。その感覚って、現代の人の『面白いものがあればジャンルにこだわらず取り入れる』ハイブリッドなスタイルに共通している部分だと思う。だから、時代を超えて世界的に共感されているのかなって」

最近は、杏里やＷｉｎｋ、松原みきなどシティポップの源流を形成した楽曲をリ・エディットした「ザ・昭和グルーヴ」というプロジェクトが話題のナイト・テンポ。当時の輝きに、洗練されたエレクトロニックなビートなどモダンな感覚を加えて、幅広い世代から熱狂を生んでいる。

「僕は別にシティポップとか、ジャンルを気にして選曲をしているつもりはないんです。子どものような感覚で、純粋にいいと思った音楽を紹介しているだけ。それがたまたま80年代の日本のポップスに集中していたのです」

最近は、過去の楽曲のリ・エディットだけでなく、オリジナル作品も精力的にリリースしている。

「シティポップというジャンルを気にせずに、80年代の豊かな音楽を追求していけたら。なぜなら、あの時代は素晴らしい音楽にあふれているので。そこにいまっぽいエッセンスを加えて、自分にしかできない音楽を追求していけたらと思います」

ナイト・テンポが選ぶ　大滝以降のシティポップ的ディスク

©ソニー・ミュージックレーベルズ

角松敏生

『タッチ・アンド・ゴー』

1986年

シンガー・ソングライター、角松敏生の6枚目のアルバム。「自分が思う1980年代の集大成的なアルバム。ディスコ、シティポップなど、あの当時に流れていた音楽の『お手本』みたいな。だからいま聴いてもフレッシュというか、洗練さが失われていません」

©ユニバーサル ミュージック

中原めいこ

『ミ・ン・ト』

1983年

1984年に発表した「君たちキウイ・パパイヤ・マンゴーだね。」で知られるミュージシャン。「シティポップだけでなく、アイドル歌謡的な要素もあり、こちらも当時の音楽の雰囲気を集約しているような作品。歌詞も素晴らしく、特に『月夜に気をつけて!』は明るい気分になります」

原田夏樹 | Natsuki Harada

「Blue Shadow」
Ano(t)raks
2022年11月16日配信リリース

●1993年、茨城県生まれ。evening cinemaのフロントマン兼音楽プロデューサー。作詞作曲を担当したcinnamonsとのコラボ曲「summertime」がTikTok流行語対象2020ミュージック部門賞を受賞。2022年11月にはシングル「Blue Shadow」を発表。中国やタイのアーティストに楽曲提供するなど、アジア圏でも評価が高く、日本の音楽の魅力を多方面で発信する。

哲学的かつ日本人の琴線に触れる言葉や旋律を感じるサウンドで話題を呼んでいる、evening cinema。その中心人物である原田夏樹は、大滝詠一を筆頭とした日本のシティポップに多大な影響を受けて楽曲を制作しているという。

「僕の音楽原体験は、ザ・ビートルズなどの洋楽だったので、日本の音楽には少し距離を置いていたんです。でもある時、両親の影響で山下達郎さんなどを耳にするようになると、日本のポップスは洋楽を折衷させてオリジナルなものをつくり出していることに気づき、そこから聴くようになりました」

大滝の楽曲もその流れで耳にするように。

「大滝さんは洋楽に精通していながら、歌謡史にも詳しい。だから洗練さを保ちつつ、どこか日本人特有の匂いを残した濃密なポップスを生み出せるのだと思います」

また、1970〜80年代に登場したシティポップには、大きな特徴があるという。

当時の“シティポップ”は、人間の鳴らす楽器だけで高い完成度を実現した。

「あの当時は、おそらくシンセサイザーが浸透し、その存在感が楽曲制作に大きな影響を与えたんだと思います。その結果、楽曲にいろんな要素を聴き取ることができる。しかも、詰め込みすぎ感がなく、豪華に聴こえてしまうところが素晴らしいですね」

そのリッチな音楽は、聴き手にある効果をもたらすのだとか。

「ここではないどこかへ連れて行ってくれるというか。当時のことをリアルに経験したわけではないのですが、その時代に都会で暮らしていた人たちの暮らしを想像させ、また、彼らへの憧れを与えてくれます」

異空間に誘う音楽。それは90年代以降の日本のポップスにも好影響を与えていて、ジャンルを問わず多くのミュージシャンに受け継がれている、と原田。また2010年頃からは、「ヴェイパー・ウェーブ」という、1970〜80年代のディスコやソウルをサンプリングする音楽ムーブメントが世界的に注目されるように。そこから派生して、同じく70〜80年代に制作された日本のシティポップの数々が、YouTubeなどを通じて、言語の壁を超えて評価されるようになったと話す。

「現代のようにテクノロジーが発達していない状況において、人間の鳴らす楽器だけで、いろんな要素を詰め込みながら完成度の高い音楽を生み出す技術力。そこが、当時のシティポップが言葉の壁を超えて支持されている理由のひとつなのかなと思います」

原田自身も、その完成度の高いシティポップの感覚を受け継ぎ、電子音などをミックスして現代的に再構築。最近では、インドネシアの人気ユーチューバーであるレイニッチの楽曲制作に関わるなど、シティポップの魅力を幅広く、かつ深く紹介している。

「僕が新たな時代をつくるかどうかは別にして、ある程度の表現力がついたら、いつか大滝さんが追求していたような、味つけの濃い音楽をつくってみたいですね」

原田夏樹が選ぶ 大滝以降のシティポップ的ディスク

KOME KOME CLUB
LAST BEST
豊作参舞
HOUSAKU ZANMAI

©ソニー・ミュージックレーベルズ

米米クラブ

『LAST BEST ~豊作参舞~』

2017年

2006年の再結成以来初の新曲入りベストアルバム。「彼らをシティポップという文脈で語る人は少ないと思いますが、個人的に1990年代以降の楽曲からは大滝さん作品のようなサウンドの詰め込み方をされていて、継承者的存在だと思います」

©ソニー・ミュージックエンタテイメント

ママレイド ラグ

『MAMALAID RAG』

2002年

ボーカル田中拡邦を中心とするスリーピースバンドの1stアルバム。「特に初期(2000年代前半)の楽曲は、『ロング・バケイション』のような豪華絢爛さはないシンプルなサウンドなんですが、ボーカルの存在感が大滝さんのような雰囲気を放っています」

現代のシティポップを担う、煌めく才能たち。

シラップ
SIRUP

●2021年に2ndアルバム「cure」をリリース。2022年に世界的ポップスター「Years & Years」のRemix参加や初の日本武道館公演を開催など、様々な分野でその活躍を広げている。

『スピード上げて』
SIRUP-SPEED
Suppage Records

歌とラップを自由に生き交い、現代の都市がはらむ空気を表現。

歌（シング）とラップを自由に行き交うボーカル・スタイルから名付けられたというアーティスト、シラップ。新進気鋭のクリエイターたちと繰り広げるサウンドは、ソウルやヒップホップ、エレクトロなど多様性にあふれたもの。さまざまな感性や嗜好が認められる現代の都市だからこそ生み出せる空気感を、楽曲に閉じ込めている。その根底には人々の心の動きに寄り添うメロディーがちりばめられており、実験性とポップ性との融和が1980年代の楽曲スタイルにも通じる。

セロ
cero

●メンバーは、髙城晶平(Vo, G&Flute)、荒内佑(Key)、橋本翼(G&Cho)。2004年結成。最新作は、22年6月発表のシングル「Fuha」。2023年5月に5枚目となるアルバムをリリース予定。

「Fuha」
カクバリズム / SPACE SHOWER MUSIC
配信限定

時代の輝きを鮮やかに切り取り、シティポップ・シーンを牽引。

メンバーそれぞれが作曲やアレンジ、プロデュースを手がけ、ヒップホップからトライバル・ビートまで、楽曲ごとに異なる音色や風景を描く。固定された音楽世界を持たないバンドがセロだ。時代の先端にある輝きを切り取ったような音をつくり続ける彼ら。2015年に発表したアルバム『Obscure Ride』では、メロディアスなブラック・ミュージックの要素を取り入れ、見慣れた景色を色鮮やかに変える完成度の高いグルーヴを表現。この作品をきっかけに、現代のシティポップが注目されるようになったともいわれている。しかし彼らはその世界に固執することなく、軽やかにサウンドを進化させ、新たな時代の音を生み出し続ける。

ナルバリッチ
Nulbarich

●シンガー・ソングライターのJQがトータルプロデュースするバンド。2016年に初のアルバム『GUESS WHO?』をリリース。最新作では初のカバー曲「MAGIC WAYS」をリリース。

「MAGIC WAYS」
(Original by Tatsuro Yamashita)
ビクターエンタテインメント
配信限定

ブラック・ミュージックを軸に、東京の輝きをメロディアスに歌う。

生楽器、もしくはそれらをサンプリングしたサウンドを駆使。中心人物であるJQの日本語と英語を流麗にミックスさせたボーカルで、洋邦問わず幅広いリスナーから支持されるバンドが、ナルバリッチ。ブラック・ミュージックをベースにしながら口ずさみやすいメロディーを加え、現在の東京がもつ輝きを表現する楽曲が多い。「なにもないけど満たされる」という意のバンド名が示す通り、聴くものを豊かな気分にさせる。

サチモス
Suchmos

『ジ・アニマル』
KSCL-3150
ソニー・ミュージックレーベルズ
¥3,850

●メンバーは、YONCE(Vo)、HSU(B)、OK(Dr)、TAI KING(G)、KCEE(DJ)、TAIHEI(Key)。2013年に神奈川県で結成。15年に初アルバム『ザ・ベイ』を発表。最新作『ジ・アニマル』は19年にリリースされた。

アーバンで刺激的なグルーヴを、メジャーシーンに轟かせた6人組。

ロックやジャズ、ヒップホップ、ソウルミュージックなどに影響を受け、アメリカのジャズトランペット奏者、ルイ・アームストロングの愛称「サッチモ」からバンド名を付けたというサチモス。アシッド・ジャズのグルーヴを感じさせる2016年発表の「STAY TUNE」など、あらゆる刺激が街にあふれていた1990年代のストリート感覚とブラック・ミュージックを融合。現在を軽やかに走るような楽曲で、幅広いリスナーから注目を浴び、シティポップというジャンルを一気にメジャーなものへと押し上げた。この楽曲以降「街」を飛び出し、世界や宇宙を感じるサウンドを展開している。活動休止後の動向にも注目したい。

ネバーヤングビーチ
never young beach

「こころのままに」
Roman Label / bayon production
digital single

●2014年結成。2017年にメジャーデビューアルバム「A GOOD TIME」を発表。TVCMや映画主題歌への楽曲提供などを手掛ける。近年は中国、韓国、タイなどアジア圏内でもライブに出演するなど、活動の幅を広げている。

ノスタルジックな感覚を、現代的なサウンドに昇華。

日本語の響きを大切にしながら、メンバー全員の個性やこだわりが伝わってくるサウンドで人気を博している4人組。愛称は「ネバヤン」。細野晴臣や、はっぴいえんどなどからの影響もあるようで、そのノスタルジックな感覚を現代的なセンスでもって、爽快感あふれる音楽に昇華。まるでタイムマシンに乗ってさまざまな時代を行き来しているような、不思議な気分にさせてくれる。現代のシティポップシーンを代表する存在だ。

ヨギー・ニュー・ウェーブス
Yogee New Waves

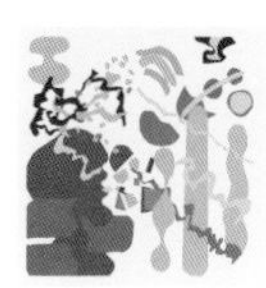

『A.Y.A ep』
ROMAN-023
Roman Label / Bayon Production
10inch Vinyl [45rpm] /デジタル配信

●2013年に活動開始。2014年に.『CLIMAX NIGHT e.p.』をリリース。1st Album『PARAISO』は年間ベストディスクとして各メディアで多く取り上げられる。国内だけでなく、中国、台湾、韓国、タイなど、海外でも活躍している。

過去の多彩な音楽を吸収し、シンプルな音色に集約させる。

70年代のフォークやニュー・ミュージックの流れを感じさせる、アコースティックな音色をメインにしたシンプルなサウンドを奏でる彼らは、デビュー時からシティポップの再来といわれている。角舘健悟のボーカルは、日常を俯瞰で見つめつつも春風のような温かな視線を感じさせる。過去のさまざまな音楽を吸収し、必要なものだけを抽出した表現は卓越している。時代を自由に乗りこなす軽やかなビートは、耳にしたら離れない。

ラッキーテープス
LUCKY TAPES

●メンバーは、高橋海(Vo&Key)、田口恵人(Ba)、高橋健介(G)。2018年にEP『22』でメジャーデビュー。『Blend』から約1年半ぶりとなる最新アルバム『BITTER!』が2022年に発売となり、話題に。

『BITTER!』
VICL-65695
ビクターエンタテインメント
¥2,970

アーバンな佇まいで、洒脱な音楽を描く3人衆。

ディスコやファンク、ソウルなどのブラック・ミュージックのエッセンスと、日本人が培ってきた少し切なさを感じさせるメロディーセンスとをかけ合わせ、洒脱な音楽を奏でる3人組バンド。そのアーバンな佇まいから、現代のシティポップの潮流を担う。フロントマンを務める高橋海は、トラックメイカーやプロデューサーとしても活躍。向井太一など、数多くのシンガー・ソングライターに楽曲提供も行っている。

テンダー
TENDRE

『PRISMATICS』
UPCH-29443
EMI Records / UNIVERSAL MUSIC
¥3,080

●1988年、神奈川県生まれ。2017年12月にデビューEP『Red Focus』をリリース。19年はフジロックフェスティバルをはじめ多数のフェスに出演し話題に。22年にアルバム『PRISMATICS』をリリース。

マルチプレイヤーの河原が贈る、ソフトで都会的なサウンド

Charaや堀込泰行などへの曲提供やシラップなど若手のプロデュースも行う河原太朗のソロ・プロジェクト。ベース、ギター、サックス、鍵盤などを演奏するマルチプレイヤーで、楽曲ではそのテクニックを駆使してソウルフルで官能的なグルーヴを紡ぎ上げる。テンダー（TENDRE＝やわらかい）という名の通り、ソフトで都会的なサウンドが耳に心地よい大人のためのポップミュージックだ。

イリ
iri

『Go back / friends』
VIKL-30020
Colourful Records
¥2,200

●神奈川県出身。2016年にアルバム『Groove it』でデビュー。2023年2月に新曲「Go back」と2022年配信された楽曲「friends」を収録した、7インチアナログ盤をリリース。2023年5月からは全国8箇所を巡る初のホールツアーを開催。

移ろう都会の風景を、スモーキーな低音で歌う。

CMソングに起用された「Only One」や「Wonder land」などで注目される、スモーキーでソウルフルな低音ボイスをもつシンガー・ソングライター。アルバイト先の老舗ジャズバーで弾き語りのライブをし、音楽活動をスタートさせた。日本の音楽シーンの先端を行くクリエイターとタッグを組んで制作される楽曲は、ヒップホップ的リリックやクラブミュージックのサウンドを取り入れ、移ろう現代の都市の風景をクールに表現する。

ファイブ・ニュー・オールド
FIVE NEW OLD

『Departure : My New Me』
WPCL-13408
ワーナーミュージック・ジャパン
¥3,300

●メンバーは、HIROSHI (Vo&G)、WATARU (G&Key)、SHUN (B)、HAYATO (Dr)、の4名。2010年に結成。80sやオルタナティブロックから影響を受けた精度の高いサウンドメイクで幅広い層から支持を得ている。

国境やジャンルを超えた、軽やかなポップネス

「日常にアロマオイルのような彩りを」というコンセプトのもと活動をしている4人組バンド。流暢な英語を織り交ぜ、ブラック・ミュージックからロックまでをミックスさせたサウンドは、国境やジャンルを軽やかに飛び越えている。特にソウルフルな楽曲で繰り広げるセッションは、シティポップの放つ甘い香りを凝縮させたような、悦楽と興奮がある。最新作においては、その香りをよりドラマティックかつポップに表現している。

アマネトリル
AMANE TRILL

『SUSTAiN』
AMC-084
Azabudai Music Communications
¥2,750

●MasahiroとYujinのシンガー・シングライター・ユニットとして2018年に結成し、ファースト・アルバムを発表。甘美な情景描写の歌詞と、シンプルだが洗練されたサウンドで注目を集める。2023年よりMasahiroのソロ・プロジェクトに。

爽やかな風が心地よく吹き抜ける、80年代リゾート・ポップの再現。

70〜80年代の音楽を現代的なポップソングに昇華させ、2019年には鈴木茂との共演も果たす。季節感を重視した歌詞と、グルーヴィーなサウンドを構築し、その音色はまるで爽やかな風が吹き抜けるかのよう。2年ぶりの3作目となる最新アルバム『SUSTAiN』では、80年代リゾート・ポップの再現のような「渚のLADYになりきって」や、はっぴいえんどを彷彿とさせる「風待月」など、現在進行形のシティポップを聴かせている。

ピクチャード・リゾート

Pictured Resort

『Once Upon A Season』
SLYD-022
Sailyard
¥3,960

●2014年に大阪で5人組アーバン・シンセ・ポップ・バンドとして結成。独自のクロスオーバー感覚で注目され、17年以降は上海、香港、マニラなどアジア圏での公演を成功させた。20年よりKoji Takagiのソロ・ユニットとして活動する。

ネオ・アコとシンセ・ポップを、華麗に融合させた都市型サウンド

大阪を拠点に、現在はソロ・ユニットとして活動するPictured Resort。ネオ・アコやドリーム・ポップ、AOR、ディスコと様々な要素を取り入れたシンセ・ポップという独自の解釈で、メロディアスな曲調をダンサブルかつファンキーに転化させた都会派の音づくりはまさに現在進行形のシティポップ。3作目『Once Upon A Season』では、ドリーミーなサウンドに磨きがかかる。カバー・ワークに江口寿史を起用する、ビジュアル面の徹底ぶりも注目。

関口スグヤ

Suguya Sekiguchi

●2003年、東京都生まれ。中学1年生で多重録音によるデビュー作をKEEPON名義で発表。20年、細野晴臣「パーティー」「終りの季節」をカバー。21年には椿三期とバンド「ろくようび」を結成する。22年からは関口スグヤに改名して活動している。

KEEPON
「ちから」
KEEPHONE RECORDS
配信限定

はっぴいえんどからの影響を、強力に感じさせる恐るべき10代。

5歳でビートルズに触れ、中1ではっぴいえんどに衝撃を受け曲づくりを始めたという、遅れてきた"はっぴいえんどチルドレン"。若手アーティストによる大滝詠一カバー・アルバム『GO! GO! ARAGAIN』に最年少の14歳で参加したことも話題を呼んだ。自作曲は70年代のフォーキーでオーガニックな手触りを残すが、「ちから」ではデジタル時代のロックンロールと称し、無機質なビートとハードなエレキの響きを取り入れ新生面を開拓。

クンモハイル
KUNMOHILE

『KUNMOHILE』
GGM-002
Good Gohoth Music
¥2,500

●土屋和人(Vo&G)、富島陸央(G)、アサカショウヘイ(G)、小白裕之(B)、玉井正喜(Dr)の5人組。2020年4月に結成。21年5月に初EPを発表、11月に東名阪ツアーを行う。22年9月に『KUNMOHILE』を発表し全国ツアーを開催。

70年代フォーク・ロックの音を、現代の感覚に昇華させた5人組。

日本の良質なポピュラー・ミュージックの流れを汲みつつ、フォーク・ロック、オールディーズ、サイケなど、60〜70年代のサウンドを現代の感覚に昇華させた5ピース・バンド。ファースト・フル・アルバム『KUNMOHILE』に収録された、華やかで緻密なサウンドを構築した大滝詠一直系のポップス「抱きしめたら」、ローファイなサウンドの「Goodbye」などの作品に、懐古趣味に陥らない独自の個性が集約。シンプルに綴られた歌詞も魅力。

もっと紹介! 2010年以降に存在感を放つ、国内外の23組。

ヨナヨナウィークエンダーズ
YONA YONA WEEKENDERS

「唄が歩く時」

東京・中目黒にて結成。夜の街に合う音楽を制作し、CMソングに起用されるなど話題のバンド。都市の洗練だけでなく陰も感じる世界。

para de cas　配信限定

トキメキレコーズ
Tokimeki Records

「Dang Dang 気になる (feat. ひかり)」

1980年〜90年代のヒット曲のカバーを多く発表している音楽プロジェクト。原曲のトキメキ感を際立たせたサウンドを展開。

Namy & Records　配信限定

ホンネ
Honne

『ノー・ソング・ウィズアウト・ユー』

日本の「本音と建前」の概念に影響を受けている英国出身エレクトロ・デュオ。無機質と思われる日常に潜む温かさを表現する。

WPCL-18356　ワーナーミュージック・ジャパン　¥2,178

テンパレイ
Tempalay

「ゴーストアルバム」

海外でも評価が高く、USツアーも行う3人編成バンド。サイケデリックでローファイなサウンドから、都市のノイズが伝わってくる。

WPCL-13277　ワーナーミュージック・ジャパン　¥3,080

ポセイドン・石川
Poseidon Ishikawa

『POSEIDON TIME』

山下達郎をはじめ、さまざまな楽曲をシティポップ風に独自解釈した動画で話題になったアーティスト。ポップスへの深い愛が満載。

COCP-40727　日本コロムビア　¥2,037

フライデー・ナイト・プランズ
Friday Night Plans

「HONDA」

ボーカリストであるMasumiを中心にした音楽プロジェクト。最先端の洋楽ポップスに通じる音づくりで、耳馴染みのよい旋律を構築。

MIYA TERRACE　配信限定

ラッキーキリマンジャロ
Lucky Kilimanjaro

『DAILY BOP』

「世界中の毎日をおどらせる」ことを目的に結成されたエレクトロポップ・バンド。シンセ・サウンドを軸にカラフルな音を響かせる。

MUCD-1468　ドリーミュージック　¥2,970

ディーン
DEEN

『POP IN CITY ～for covers only～』

1990年代よりヒットを飛ばす彼らが、シティポップをカバー。軽快ながら深みのある声で新境地を開拓する。ジャケットは永井博。

ESCL-5479　ソニー・ミュージックレーベルズ　¥3,300

スリー1989
THREE1989

『THE BEST THREE1989 -Don't Forget Dancing-』

1989年生まれの3人で結成されたグループ。70年〜90年代の音楽をモダンに再構築、都会のゆらめく灯りのようなサウンドに。

エイベックス／リズムゾーン　配信限定

ヴァンパイア・ウィークエンド
Vampire Weekend

『ファーザー・オブ・ザ・ブライド』

現代NYのインディー・ロック界を代表するバンド。最新作では細野晴臣の楽曲をサンプリングし、キッチュで刺激的な音を形成。

SICP-6117　ソニー・ミュージックレーベルズ　¥2,592

オーサムシティークラブ
Awesome City Club

『Grower』

「架空の街のサウンドトラック」をつくることを目的に結成されたバンド。現代の都市の空気感がありながら、切なさもにじむ音だ。

CTCR-96011　エイベックス／カッティング・エッジ　¥3,190

バウンディ
Vaundy

『strobo』

楽曲制作だけでなく映像なども自ら手がけるシンガー・ソングライター。カメラのシャッターのように街の風景を切り取った世界観だ。

ZXRC-2065　SDR　¥3,300

ヨナヲ
yonawo

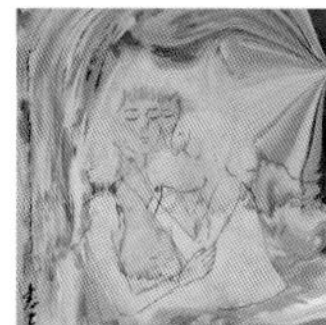

「ごきげんよう さようなら」

福岡の4人組バンド。東京ではない場所から見える都市の息づかいや、そこにある光と影を、淡々としつつもグルーヴィーに描く。

ワーナーミュージック・ジャパン　配信限定

エバーフォー
EVERFOR

「幸運の涙」

1990年代の日本の渋谷系に影響を受けたという台湾の音楽プロジェクト。邦楽がもつロマンティックな部分を抽出した音が魅力的。

BIG ROMANTIC RECORDS

クロスケ
Kurosuke

『ザ・テイルズ・オブ・ローゼズ・アンド・ワイン』

インドネシアのインディー界を代表するアーティスト。シティポップやAOR、インドネシアのポップをかけ合わせたサウンドで注目。

LIIP-1542　Lirico／Inpartmaint　¥2,530

オモイノタケ
OMOINOTAKE

『Long for』

ドリーミーなキーボードの音色に乾いたドラムで現在形のR&Bをつくり出すギターレス・バンド。クセの強いヴォーカルも耳に残る。

NECR-1029　サンバフリー／NEON RECORDS　¥1,980

スプーンフル・オブ・ラヴィン
Spoonful of Lovin'

『On the Base, Without the Bass』

古今東西の洋楽・邦楽をカントリー＆ジャグスタイルでカバー。大滝詠一や細野晴臣のノベルティ感覚を再現する腕前には脱帽。

HYCA-8030　なりすコンパクト・ディスク／ハヤブサランディングス　¥2,420

竹内アンナ
Anna Takeuchi

『TICKETS』

LA生まれで京都育ちのシンガー・ソングライター。ジョン・メイヤーに影響を受けた高度なギタープレイと、透明感のある歌声が魅力。

TECI-1771　テイチクエンタテインメント　¥3,300

流線形／一十三十一
Ryusenkei/Hitomitoi

『Talio』

クニモンド瀧口主宰の流線形と、エアリーなヴォーカルが持ち味の一十三十一のタッグ。アーバンな現行シティポップの魅力を凝縮。

VICL-65441　ビクターエンタテインメント　¥3,080

ポップ・アート・タウン
POP ART TOWN

『ART MUSEUM』

ダンサブルなR&Bサウンドとキャッチーなメロディーの融合型ポップ・バンド。女性ヴォーカルによる"キラキラ系ポップス"を展開する。

PAT-CD-001　POP ART TOWN　¥3,000

ネイバーズコンプレイン
Neighbors Complain

『Destruction』

大阪出身の4ピース・バンド。80年代ディスコ、ファンク色が濃厚なサウンドから生まれるグルーヴ感は唯一無二。洋楽カバーも絶品。

VSCD3223　ヴィヴィド・サウンド　¥2,200

イヴニングシネマ
evening cinema

『Golden Circle』

70〜80年代のシティポップが香る、原田夏樹率いる4人組。渋谷系サウンドを現代的に再構築したバンドの音に懐かしさと爽快感が共存。

ANO-93　Ano(t)raks　¥3,300

サムタイムス
SOMETIME'S

『CIRCLE & CIRCUS』

ヴォーカルとギターの2人組。ファルセットを駆使したR&B色濃いヴォーカルと芳醇なメロディーの融合に、都市の活気が匂い立つ。

PCCA-06071　ポニーキャニオン　¥3,000

写真　青野豊(p49)、岩崎寛(p17、p19-21、P74-77、p99、p101)、大河内禎(p94-97、p141-144)、
興村憲彦(p2-3、p24、p30)、柏田テツヲ(p46、p51)、野上眞宏(p149-155、p158)

文　岩崎香央里(p120-123)、澤田真幸(p160-166)、柴那典(p156-158)、力石恒元(p106-117)、
土田貴宏(p46-51)、馬飼野元宏(p94-99、p124-131、p140-147、p188-191、p193-194)、
松永尚久(p168-187、p192-193)、安田謙一(p24-31、p100-105、p134-139)、
山澤健治(p16-22、p32-44、P74-76、P88-93、p148-155)、湯浅学(p8-15、p52-67、p78-87)

イラスト提供　永井博(p50-51、p68-69)

写真協力　アフロ、アマナイメージズ

編集協力　松永尚久、山澤健治

校正　麦秋アートセンター

ブックデザイン　SANKAKUSHA

カバーデザイン　穂積岳人(SANKAKUSHA)

制作協力　城田雅昭、坂口修（THE NIAGARA ENTERPRISES INC.)、井上真哉（(株)ソニー・ミュージックレーベルズ)

ＪＡＳＲＡＣ 出 2301097-301